Shortcuts to Success Irish Grammar Guide

for Junior Certificate

Neasa Ní Chnáimhsí

Gill & Macmillan

Gill & Macmillan
Ascaill Hume
An Pháirc Thiar
Baile Átha Cliath 12
agus cuideachtaí comhlachta ar fud an domhain
www.gillmacmillan.ie

978 0 7171 47281

Pictiúir le Eoin Coveney
Clóchuradóireacht bhunaidh arna déanamh in Éirinn ag Carole Lynch

Rinneadh an páipéar atá sa leabhar seo as laíon adhmaid ó fhoraoisí rialaithe. In aghaidh gach crann a leagtar cuirtear crann amháin eile ar a laghad, agus ar an gcaoi sin déantar athnuachan ar acmhainní nádúrtha.

Contents:

// Buíochas – Acknowledgements

Gabhaim buíochas leis na daoine a thug cuidiú agus tacaíocht dom agus an obair seo idir lámha agam – go háirithe Micí, Doireann, agus Fionntán. Tá mé buíoch fosta den treoir a fuair mé ó Anthony Murray, agus ó mhuintir Gill & Macmillan.

I wish to thank those who offered help and support while I worked on this project – particularly Micí, Doireann, and Fionntán. I am also grateful for the direction provided by Anthony Murray, and to all at Gill & Macmillan.

Réamhrá – Preface

Ó mo thaithí féin mar mhúinteoir meánscoile, is minic a ghlactar leis go dtuigeann scoláirí na gnéithe is bunúsaí de ghramadach na Gaeilge. Ach ní mar a shíltear a bhítear! Tá sé tábhachtach idirdhealú a dhéanamh idir briathra agus ainmfhocail, agus an dóigh lena láimhseáil a mhíniú i bhfocail shimplí. Shocraigh mé ar leabhar soiléir sothuigthe a scríobh: leabhar gramadaí atá mínithe i mBéarla agus leagtha amach ar dhóigh éifeachtach, ina bhfuil réimse leathan ceachtanna curtha ar fáil, idir chleachtaí bunúsacha agus chleachtaí dúshlánacha.

Tá an leabhar úsáideach seo dírithe ar gach aon fhoghlaimeoir, ach go háirithe ar dhaltaí iarbhunscoile. Ó thaobh canúintí de, tugtar aitheantas do gach ceann de na trí mhórchanúint. Mínítear rialacha na gramadaí, agus achoimrítear iad ar chúl an leabhair. Freastalaíonn an cur chuige seo ar scoláirí atá ag iarraidh teacht ar theagasc cabhrach éifeachtach.

Go n-éirí libh!

From my experience as a secondary teacher, it seems that it is often taken for granted that students understand the basic aspects of Irish grammar. But this is not always the case. It is important to differentiate between verbs and nouns, and to explain the way to handle them in simple words. I decided to write a straightforward book: a grammar book with explanations in English and which is laid out clearly with a broad range of assignments from rudimentary exercises to more challenging exercises.

This useful book is aimed at every learner, but particularly at post-primary students. Elements of all three dialects appear in the text. The rules of grammar are explained, and a summary is provided at the end of the book. This approach should appeal to students who are seeking helpful, effective instruction.

Best of luck!

1 An Aimsir Chaite – The Past Tense

Rule: Verb stem + h + person

What's a stem? The stem of a verb is the verb in its simplest form, i.e. when telling someone to do something.

tóg = take
glan = clean
cuir = put
bris = break

What does +h mean? Insert a "h" after the first letter.

ie. tóg (take) – t**h**óg (took)
bris (break) – b**h**ris (broke)

After the verb, we put the person who did the action.

ie. bhris mé = I broke
bhris tú = you broke
bhris sé/sí = he/she broke
bhris muid = we broke
bhris sibh = you (plural) broke
bhris siad = they broke

I took = T**h**óg mé
T**h**óg mé an bus ar scoil ar maidin.

He broke = B**h**ris sé
B**h**ris sé an fhuinneog leis an liathróid.

Most regular verbs are handled this way but there are ***exceptions***:

- Verbs that begin with a ***vowel***. Instead of inserting 'h' after the first letter of the verb, you put ***d'*** in front.
  I drank (ól) milk = **D'**ól mé bainne.
  She ate (ith) chips = **D'**ith sí sceallóga.

- Verbs that begin with ***f***. Here, you use ***d'*** again ***and*** insert a ***h*** as before.
  I stayed (fan) on the bus = **D'fh**an mé ar an mbus.
  They left (fág) the club = **D'fh**ág siad an club.

- Verbs that begin with ***l***, ***n***, or ***r***. No change required.
  I lit (las) = Las mé
  We washed (nigh) = Nigh muid/Níomar
  He ran (rith) = Rith sé

Ceacht 1:

Ceangail le chéile.

1)	glan	a)	play
2)	bris	b)	run
3)	ól	c)	eat
4)	caith	d)	clean
5)	tóg	e)	wash
6)	ith	f)	take
7)	cuir	g)	lose
8)	caill	h)	stay/wait
9)	díol	i)	light
10)	fág	j)	break
11)	imir	k)	put
12)	fan	l)	sell
13)	rith	m)	drink
14)	las	n)	leave
15)	nigh	o)	throw, wear, smoke, or spend.

1) glan = d) clean

Ceacht 2:

Cuir an abairt cheart leis an phictiúr ceart.

- D'ith mé mo bhricfeasta sa chistin.
- D'fhág mé an teach chun dul ar scoil.
- Chuaigh mé a luí nuair a bhí tuirse orm.
- D'fhéach mé ar *Desperate Housewives*.
- Tháinig mé abhaile ón scoil.
- D'éist mé le ceol i mo sheomra leapa.
- Thóg mé cith sa seomra folctha.
- Shroich mé an scoil go moch.
- Rinne mé m'obair bhaile i mo sheomra.
- Nigh mé m'aghaidh agus mo lámha.

1 = Thóg mé cith sa seomra folctha.

Tóg – take	***Ól*** – drink	***Fág*** – leave
t**h**óg mé	**d'**ól mé	**d'**f**h**ág mé
t**h**óg tú	**d'**ól tú	**d'**f**h**ág tú
t**h**óg sé/sí	**d'**ól sé/sí	**d'**f**h**ág sé/sí
t**h**óg muid	**d'**ól muid	**d'**f**h**ág muid
t**h**óg sibh	**d'**ól sibh	**d'**f**h**ág sibh
t**h**óg siad	**d'**ól siad	**d'**f**h**ág siad

Ceacht 3:

Le scríobh amach

glan – clean	***ith*** – eat	***fan*** – stay/wait
____________	____________	____________
____________	____________	____________
____________	____________	____________
____________	____________	____________
____________	____________	____________
____________	____________	____________
bris – break	***éirigh*** – get up	***fill*** – return
____________	____________	____________
____________	____________	____________
____________	____________	____________
____________	____________	____________
____________	____________	____________
____________	____________	____________

Ceacht 4:

Scríobh na briathra san Aimsir Chaite.

1) __________ Seán an teach ar a hocht ar maidin. (fág)
2) __________ Úna ar scoil lena cara Síle. (siúil)
3) __________ Liam Róisín ag an dioscó. (póg)
4) __________ Conall an tine mar bhí se fuar. (las)
5) __________ Neasa leis an raidió. (éist)
6) __________ Cáit ar na Simpsons aréir. (féach)
7) __________ an carr an madra. (leag)
8) __________ mé in óstán ar mo laethanta saoire. (fan)
9) __________ Pól an t-amhrán dá mhúinteoir. (can)
10) __________ Peadar an scoil ar a naoi ar maidin. (sroich)
11) __________ sí cupán tae mar bhí tart uirthi. (ól)
12) __________ Dónall an cat sa chistin ar maidin. (cuir)
13) __________ Pilib an doras ina dhiaidh. (druid)
14) __________ Máirtín chuig an leithreas. (rith)
15) __________ Orla an fhuinneog leis an liathróid. (bris)
16) __________ Mamaí an seomra suí arú inné. (glan)
17) __________ mé mé féin sa seomra folctha. (nigh)
18) __________ Tadhg ar a naoi maidin inné. (éirigh)
19) __________ Póilín glasraí leis an phobal. (díol)
20) __________ Daid ceapaire cáise mar bhí ocras air. (ith)

Ceacht 5:

Líon na bearnaí.

Léigh sí	Shroich mé	D'ól muid
D'ullmhaigh sé	Chaill Séamas	
D'fhág muid	Nigh sí	Cheannaigh Úna
D'fhoghlaim mé	Chaith siad	

1) __________ an dinnéar dá mháthair.

2) __________ tamall ag siúl ar an trá inné.

3) __________ bronntanas dá dheartháir dá bhreithlá.

4) __________ an leabhar agus thaitin sé go mór léi.

5) __________ a lán Gaeilge sa Ghaeltacht anuraidh.

6) __________ an scoil leathuair a chloig mall.

7) __________ a fhón póca ag an dioscó arú aréir.

8) __________ an bhialann mar bhí an bia go huafásach!

9) __________ an carr taobh amuigh den teach.

10) __________ cupán tae i ndiaidh an dinnéir.

Time References:

inné...	...yesterday
maidin inné...	...yesterday morning
arú inné...	...day before yesterday
aréir...	...last night
ar maidin...	...this morning
an tseachtain seo caite...	...last week
an mhí seo caite...	...last month
an bhliain seo caite...	...last year

Ceacht 6:

Cuir Gaeilge ar na frásaí seo. Bain úsáid as na briathra thíos:

las fág glan ith tóg
póg díol rith cuir éirigh
can nigh foghlaim siúil bris
fan maraigh ceannaigh ól deisigh

1) I cleaned = ______________________
2) You put = ______________________
3) He broke = ______________________
4) She drank = ______________________
5) We stayed = ______________________
6) You (pl.) took = ______________________
7) They ran = ______________________
8) I ate = ______________________
9) You left ______________________
10) He sold = ______________________
11) She bought = ______________________
12) We got up = ______________________
13) You (pl.) learned = ______________________
14) They sang = ______________________
15) I fixed = ______________________
16) You kissed = ______________________
17) He killed = ______________________
18) She walked = ______________________
19) We lit = ______________________
20) You (pl.) washed = ______________________

Questions and Negatives:

If you want to ***ask*** if someone did something, just put the word ***'ar'*** before the verb, and insert a ***h*** after the first letter of the verb.

Ar th**h**óg tú an bus ar scoil?

If you want to say someone did ***not*** do something, put ***níor*** before the verb, and insert a ***h*** as before.

Níor th**h**óg mé an bus ar scoil.

Ar shiúil tú ar scoil ar maidin?
Shiúil ✔
Níor shiúil ✘
Ar fhág tú an teach in am?
D'fhág ✔
Níor fhág ✘
Ar ól tú cupán tae?
D'ól ✔
Níor ól ✘

NB – Remember to put d' before a vowel (d'fhág)!

Exceptions: There are ***6*** verbs that behave differently.

téigh – go ***déan*** – do/make ***abair*** – say
faigh – get ***feic*** – see ***bí*** – be

For these verbs –
If you want to ***ask*** if someone did something, put the word ***'an'*** before the verb as before, and place an extra letter before the first letter of the verb.

- (Téigh) **An n**deachaigh tú go dtí an siopa?
  Chuaigh ✔

- (Déan) **An n**dearna tú d'obair bhaile?
  Rinne ✔

We call this extra letter an 'urú', or eclipse, and we'll say more about it later.

To say you didn't do something, put 'ní' before the word and insert a h as before.

Ní d**h**eachaigh mé ✗

Ní d**h**earna mé ✗

- (Abair) **An n**dúirt tú do phaidreacha?
  Dúirt ✔
  Ní d**h**úirt ✗
- (Faigh) **An bh**fuair tú?
  Fuair ✔
  Ní bhfuair ✗ (Warning! Very awkward verb)
- (Feic) **An bh**faca tú Big Brother?
  Chonaic ✔
  Ní f**h**aca ✗
- (Bí) **An** raibh tú ar scoil inné?
  Bhí ✔
  Ní raibh ✗

Ceacht 7:

Did…?

1) Did you break? = ____________________
2) Did she walk? = ____________________
3) Did they make? = ____________________
4) Did he clean? = ____________________
5) Did you go? = ____________________
6) Did they drink? = ____________________
7) Did she leave? = ____________________
8) Did you get? = ____________________
9) Did he see? = ____________________
10) Were they? = ____________________

...didn't...

11) I didn't stay = ______________________

12) He didn't get = ______________________

13) We didn't eat = ______________________

14) They didn't put = ______________________

15) She didn't see = ______________________

16) You didn't sing = ______________________

17) I didn't go = ______________________

18) She didn't say = ______________________

19) They didn't return = ______________________

20) He didn't get up = ______________________

Ceacht 8:

Léigh an sliocht, agus freagair na ceisteanna as Gaeilge.

DIALANN SHIOBHÁIN

Dé Máirt:

8.00... Dhúisigh mé agus d'éirigh mé gan mhoill.
8.15... D'ith mé calóga arbhair agus d'ól mé sú oráiste.
8.30... D'fhág mé an teach chun dul ar scoil.
9.00... Shroich mé an scoil agus thosaigh mé ag obair.
11.00... Thóg mé sos agus d'imir mé peil sa chlós.
1.00... D'ith mé ceapairí agus d'ól mé canna cóc.
4.00... Tháinig mé abhaile agus rinne mé m'obair bhaile.
6.00... Rinne mé an dinnéar don teaghlach.
7.30... D'fhéach mé ar *Eastenders* le mo mháthair.
10.00... Dúirt mé mo phaidreacha agus chuaigh mé a luí.

Ceisteanna:

1) Cad a rinne Siobhán ar leathuair tar éis a hocht?
2) Ar ith sí ispíní dá bricfeasta?
3) Ar shroich sí an scoil ar a naoi a chlog?
4) Cad a rinne Siobhán ar a haon déag a chlog?
5) Ar ól sí gloine bainne ag an sos?
6) Ar ith sí a lón ar leathuair tar éis a haon?
7) Cad a rinne sí nuair a shroich sí an teach?
8) Cad a rinne sí ar a sé a chlog?
9) Ar fhéach sí ar *Eastenders* lena deirfiúr?
10) Cad a rinne sí ar a deich a chlog?

Ceacht 9:

Cuir Gaeilge ar an alt seo –

Yesterday, I got up at 8 o'clock and I put on my clothes. I ate cornflakes and I drank orange juice. I left the house at 8.30 and I reached the school at 9.00. I worked at school till 3.30, and I took the bus home. I reached the house at 4 o'clock and I did my homework. I ate chicken and chips for my dinner and then I watched *Hollyoaks*. I listened to music in my bedroom and then I went to bed at 10 o'clock.

Ceacht 10:

Scríobh amach an scéal –

7
8
9
10

2 An Aimsir Láithreach – The Present Tense

Rule: Verb stem + ending for present tense

The ***present*** tense means things that happen ***regularly***:

i.e. I eat **every** day, you play football **every** week, she buys phone credit **every** month, we go on holidays **every** year, etc.

Verb stems can be broad or slender and endings have to be broad or slender to match.

How do you know if a verb is broad or slender?
Vowels are divided into 2 groups –
Broad = a, o, u. ***Slender*** = i, e.

All verbs are either broad or slender, depending on the ***last*** vowel in the stem.

i.e. t**ó**g (take) = broad
gl**a**n (clean) = broad
br**i**s (break) = slender
ca**i**ll (lose) = slender

In the Past Tense, we added a 'h' to the verb stem. Here, instead of a 'h', we add an ending to the verb stem to make the Present Tense.

Broad verbs need ***broad*** endings.
Slender verbs need ***slender*** endings.

Ceacht 1:

Before we take a look at the 2 sets of endings, try organising these verbs into a list of *broad* and a list of *slender* verbs:

rith bog ól las

bris ith cuir caith

fan scríobh éist fág

sroich féach díol leag

druid caill feic can

Broad:	***Slender:***
______________	______________
______________	______________
______________	______________
______________	______________
______________	______________
______________	______________
______________	______________
______________	______________
______________	______________
______________	______________

Remember: The ***stem*** of the verb is just the verb in its simplest form, that is, telling someone to do something. E.g. Cuir ort do chóta = Put on your coat.

Endings: There are two kinds of ending, broad and slender. Broad verbs need a broad ending, slender verbs a slender ending. In Irish, the ending often tells you who does the action.

Broad –	***Slender –***
tóg**aim**	bris**im**
tóg**ann tú**	bris**eann tú**
tóg**ann sé/sí**	bris**eann sé/sí**
tóg**aimid**	bris**imid**
tóg**ann sibh**	bris**eann sibh**
tóg**ann siad**	bris**eann siad**

I take the bus to school everyday. =

<u>T ó g</u> + <u>a i m</u> an bus ar scoil gach lá.
B + ***B*** Broad ***stem***, broad ***ending***.

I break the rules in school everyday. =

<u>B r i s</u> + <u>i m</u> na rialacha ar scoil gach lá.
S + ***S*** Slender ***stem***, slender ***ending***.

Nóta: There are 2 main types of verbs in Irish. We have covered one kind of verb here, those with one syllable only: fan (stay), bris (break), fág (leave), tóg (take).

Some verbs have two ***syllables.*** These stems usually end in ***–igh*** or ***–aigh.*** Examples are **ceannaigh** (buy) and **imigh** (leave).

Let's practice our ***1-syllable*** verbs before we move on!

glan (b) – clean	***cuir (s)*** – put
glan**aim**	cuir**im**
glan**ann tú**	cuir**eann tú**
glan**ann sé/sí**	cuir**eann sé/sí**
glan**aimid**	cuir**imid**
glan**ann sibh**	cuir**eann sibh**
glan**ann siad**	cuir**eann siad**

Ceacht 2:

Scríobh amach.

fan – stay

____

____

____

____

____

____

scríobh – write

____

____

____

____

____

____

bris – break

____

____

____

____

____

____

ith – eat

____

____

____

____

____

____

Ceacht 3:

Scríobh na briathra seo san Aimsir Láithreach.

1) Sroicheann Pól an coláiste ar 9.30 ar maidin. (sroich)

2) __________ Úna na rialacha ar scoil gach lá. (bris)

3) __________ Mamaí an dinnéar um thráthnóna. (déan)

4) __________ Séamas ar an teach ar 4.00 tráthnóna. (fill)

5) __________ (muid) ar *Hollyoaks* sa seomra suí. (féach)

6) __________ sí píotsa agus sceallóga i Supermacs go minic. (ith)

7) __________ Seán tae roimh dhul a luí san oíche. (ól)

8) __________ (mé) leis an raidió sa charr ar maidin. (éist)

9) __________ sé a bhruscar sa bhosca bruscair. (caith)

10) __________ Dónall a sheomra dá airgead póca. (glan)

11) __________ Róisín seacláid sa siopa milseán. (díol)

12) __________ siad an scoil chun dul abhaile gach lá. (fág)

13) __________ Cian na cailíní ar chúl na scoile! (póg)

14) __________ Neasa ar scoil nuair a bhíonn sí mall. (rith)

15) __________ (mé) an lampa nuair a bhíonn sé dorcha. (las)

16) __________ sí airgead i dtaisce sa bhanc gach mí. (cuir)

17) __________ Síle sa leaba go dtí am lóin Dé Sathairn. (fan)

18) __________ Tomás a fhón póca go minic. (caill)

19) __________ (muid) an bus ar scoil ar maidin. (tóg)

20) __________ sé ina chóipleabhar gach lá ar scoil. (scríobh)

Right, now let's deal with the ***2-syllable*** verbs. Here, the broad/slender rule is the same, but the ***endings*** are slightly different. Examples of ***2-syllable*** verb stems are:

ceannaigh – buy **críochnaigh** – finish	**B**	**bailigh** – gather **imigh** – leave	**S**

These verb stems need to lose the '***aigh***' or '***igh***' at the end before you add the ending. Then you decide if the verb is ***broad*** or ***slender***.
Have a look at some examples:

Stem:		***After:***
ceannaigh	>	ce**a**nn ***(b)***
críochnaigh	>	crí**o**chn ***(b)***
bailigh	>	ba**i**l ***(s)***
imigh	>	**i**m ***(s)***

Just as with the ***1-syllable*** verbs, a ***broad*** verb here needs a ***broad*** ending and a ***slender*** verb needs a ***slender*** ending.

Endings for 2-syllable verbs:

Broad –	***Slender –***
-aím	-ím
-aíonn tú	-íonn tú
-aíonn sé/sí	-íonn sé/sí
-aímid	-ímid
-aíonn sibh	-íonn sibh
-aíonn siad	-íonn siad

tosaigh (b) – start	***oibrigh (s)*** – work
tosaím	oibrím
tosaíonn tú	oibríonn tú
tosaíonn sé/sí	oibríonn sé/sí
tosaímid	oibrímid
tosaíonn sibh	oibríonn sibh
tosaíonn siad	oibríonn siad

Ceacht 4:

Le scríobh amach

críochnaigh – finish

____

____

____

____

____

____

ceannaigh – buy

____

____

____

____

____

____

bailigh – gather

____

____

____

____

____

____

imigh – leave

____

____

____

____

____

____

Ceacht 5:

Bain úsáid as na briathra seo a leanas:

críochnaigh cuidigh oibrigh
ullmhaigh ceartaigh tosaigh
ceannaigh bailigh réitigh dúisigh

1) __________ Úna milseáin sa siopa ar maidin.
2) __________ Seán na leabhair don mhúinteoir.
3) __________ (mé) le mo mhamaí sa teach gach lá.
4) __________ Daidí an dinnéar um thráthnóna.
5) __________ mo dheirfiúr san óstán áitiúil.
6) __________ (muid) go maith le chéile de ghnáth.
7) __________ an scoil gach lá ar a 9 ar maidin.
8) __________ an múinteoir na scrúduithe san oifig.
9) __________ (mé) ar a 11 maidin Dé Sathairn.
10) __________ an scoil gach lá ar 3.30 tráthnóna.

Time References:

gach lá/oíche/bliain…	…every day/night/year
ar maidin…	…in the morning
um thráthnóna…	…in the evening
i gcónaí…	…always
go minic…	…often
de ghnáth…	…usually
ag an deireadh seachtaine…	…at the weekend

Now, let's put the ***1-syllable*** and ***2-syllable*** verbs together!

Ceacht 6:

Cuir an abairt cheart leis an phictiúr ceart.

- Ith**im** mo bhricfeasta sa chistin ar maidin.
- Déan**aim** m'obair bhaile i ndiaidh an dinnéir de ghnáth.
- Dúis**ím** ar maidin ar a hocht a chlog.
- Críochn**aím** mo lá scoile ar 3.30 gach lá.
- Féach**aim** ar *Eastenders* gach oíche.
- Sroich**im** an teach gach lá ar a ceathair tráthnóna.
- Éir**ím** ar maidin agus tuirse an domhain orm.
- Éist**im** le ceol i mo sheomra leapa gach oíche.
- Oibr**ím** go crua sa seomra ranga an lá ar fad.
- Fág**aim** an teach go luath ar maidin.

1 = Oibrím go crua sa seomra ranga an lá ar fad.

Ceacht 7:

Cuir Gaeilge ar na frásaí seo. Bain úsáid as na briathra thíos:

1-Syllable Verbs:

fág glan ól cuir caith
ith tóg las rith fan

1) I run = ______________________
2) He drinks = ______________________
3) We stay = ______________________
4) They eat = ______________________
5) You light = ______________________
6) She takes = ______________________
7) You (pl.) leave = ______________________
8) I put = ______________________
9) He cleans = ______________________
10) We spend = ______________________

2-Syllable Verbs:

cuidigh/cabhraigh ullmhaigh deisigh tosaigh
ceannaigh críochnaigh gortaigh
éirigh mothaigh dúisigh

11) They prepare = ______________________
12) You feel = ______________________
13) She finishes = ______________________
14) You (pl.) get up = ______________________
15) I wake up = ______________________

16) He fixes = ______________________

17) We start = ______________________

18) They injure = ____________________

19) You buy = ______________________

20) She helps = ______________________

Questions and Negatives:

If you want to ***ask*** if someone does something, just put the word ***'an'*** before the verb, and insert an '***urú***' before the verb.

An gcaitheann tú airgead sa siopa?

An bhféachann sí ar theilifís gach oíche?

If you want to say someone does ***not*** do something, put ***ní*** before the verb, followed by a ***h***.

Ní chaithim airgead sa siopa sin.

Ní fhéachann sí ar theilifís gach oíche.

The letter or letters before a verb is called an 'urú', or eclipse, and the following letters go together: **m**b, **g**c, **n**d, **bh**f, **n**g, **b**p, **d**t.

(More in Chapter 8)

Ceacht 8:

Do…?

1) Do you lose? (caill) = ____________________

2) Does he fix? (deisigh) = ____________________

3) Do they leave? (fág) = ____________________

4) Does she watch? (féach) = ____________________

5) Do you start? (tosaigh) = ____________________

6) Do you (pl.) clean? (glan) = ____________________

7) Does he finish? (críochnaigh) = ____________________

8) Do they hurry? (brostaigh) = ____________________

9) Does she sing? (ceol) = ____________________

10) Do you gather? (bailigh) = ____________________

…don't…

11) I don't stay (fan) = ____________________

12) We don't think (ceap) = ____________________

13) He doesn't start (tosaigh) = ____________________

14) They don't take (tóg) = ____________________

15) She doesn't feel (mothaigh) = ____________________

16) You don't return (fill) = ____________________

17) You (pl.) don't fix (deisigh) = ____________________

18) He doesn't hurry (brostaigh) ____________________

19) We don't reach (sroich) = ____________________

20) They don't hurt (gortaigh) = ____________________

Now, remember the ***6*** verbs that behave differently? Well, this is what they look like in the ***present*** tense:

téigh – go	***faigh*** – get	***déan*** – do/make
téim	faighim	déanaim
téann tú	faigheann tú	déanann tú
téann sé/sí	faigheann sé/sí	déanann sé/sí
téimid	faighimid	déanaimid
téann sibh	faigheann sibh	déanann sibh
téann siad	faigheann siad	déanann siad
feic – see	***abair*** – say	***bí*** – be
feicim	deirim	bím
feiceann tú	deir tú	bíonn tú
feiceann sé/sí	deir sé/sí	bíonn sé/sí
feicimid	deirimid	bímid
feiceann sibh	deir sibh	bíonn sibh
feiceann siad	deir siad	bíonn siad

Ceacht 9:

Léigh an sliocht, agus freagair na ceisteanna as Gaeilge.

DIALANN PHEADAIR

Dé hAoine:

7.45…	Dúisím agus tógaim cith sa seomra folctha.
8.15…	Ithim mo bhricfeasta agus ólaim cupán tae.
8.40…	Fágaim an teach agus téim ar scoil ar mo rothar.
9.00…	Tosaíonn na ranganna agus oibrím go crua sa rang.
10.45…	Tógaim sos agus ithim úll nó banana.
1.00…	Faighim mo lón agus labhraím le mo chairde.
4.15…	Sroichim an teach agus bíonn tuirse orm.
5.00…	Déanaim m'obair bhaile i mo sheomra leapa.
6.30…	Ithim mo dhinnéar agus féachaim ar Hollyoaks.
10.30…	Deirim mo phaidreacha agus téim a chodladh.

Ceisteanna:

1) Cad a dhéanann Peadar ar ceathrú go dtí a hocht?
2) An ólann sé sú oráiste dá bhricfeasta ar maidin?
3) An dtéann sé ar scoil sa charr lena athair?
4) Cad a dhéanann Peadar ar a naoi a chlog?
5) An itheann sé ceapaire ag an sos?
6) An bhfaigheann sé a lón ar ceathrú tar éis a haon?
7) Cad é mar a mhothaíonn sé nuair a théann sé abhaile?
8) Cad a dhéanann sé ar a cúig a chlog?
9) An bhféachann sé ar Emmerdale ar leathuair tar éis a sé?
10) Cad a dhéanann sé ar leathuair tar éis a deich?

Ceacht 10:

Scríobh amach an scéal – *Gach lá...*

Bain úsáid as na briathra seo a leanas:

scuab ***dúisigh*** ***cíor*** ***glan*** ***sroich*** ***éist*** ***oibrigh*** ***tóg*** ***éirigh*** ***ith***

3
4
5
6
7
8
9
10

3 An Aimsir Fháistineach – The Future Tense

Rule: Verb stem + ending for future tense

In the ***future*** tense we talk about things that ***will*** happen.
Remember, ***broad*** verbs need ***broad*** endings,
slender verbs need ***slender*** endings.

All verbs are either broad or slender, depending on the ***last*** vowel in the stem.

Broad = a, o, u. ***Slender*** = i, e.

Note: The rule for the ***future*** tense is the same as the rule for the ***present*** tense. The only thing that changes is the ***ending***.

Remember: The ***stem*** of the verb is just the verb in its simplest form, as when you give an order to do something. For example, cuir = put.

Broad –	***Slender –***
glan**faidh mé**	sroich**fidh mé**
glan**faidh tú**	sroich**fidh tú**
glan**faidh sé/sí**	sroich**fidh sé/sí**
glan**faimid**	sroich**fimid**
glan**faidh sibh**	sroich**fidh sibh**
glan**faidh said**	sroich**fidh said**

I will clean the garage on Saturday morning =
G l a n + f a i d h mé an garáiste maidin Dé Sathairn.
B + ***B*** Broad ***stem***, broad ***ending***.

I will reach the school at nine tomorrow morning =
S r o i c h + f i d h mé an scoil ar a naoi maidin amárach.
S + ***S*** Slender ***stem***, slender ***ending***.

Nóta: The above applies to ***1-syllable*** verbs. e.g. **fan** – stay, **bris** – break. But just as with the ***present*** tense, we will deal with ***2-syllable*** verbs later.

fág (b) – leave	***rith (s)*** – run
fágfaidh mé	rithfidh mé
fágfaidh tú	rithfidh tú
fágfaidh sé/sí	rithfidh sé/sí
fágfaimid	rithfimid
fágfaidh sibh	rithfidh sibh
fágfaidh siad	rithfidh siad

Ceacht 1:

Scríobh amach.

ól – drink	***féach*** – look/watch
__________	__________
__________	__________
__________	__________
__________	__________
__________	__________
__________	__________
caill – lose	***cuir*** – put
__________	__________
__________	__________
__________	__________
__________	__________
__________	__________
__________	__________

Ceacht 2:

Scríobh na briathra san Aimsir Fháistineach.

1) __________ Seán a chailín sa samhradh. (pós)

2) __________ Síle ar X *Factor* oíche Dé Sathairn. (féach)

3) __________ mé ar scoil mar tá mé mall anois. (rith)

4) __________ sé a chuid gruaige sa seomra folctha. (cíor)

5) __________ Mamaí dom dul amach oíche Shathairn. (lig)

6) __________ mé leat taobh amuigh de McDonald's. (buail)

7) __________ (muid) síob ar ár dtuismitheoirí. (iarr)

8) __________ sí lena *I-pod* ar a bealach abhaile. (éist)

9) __________ Peadar ar an scoil ar 1.45 inniu. (fill)

10) __________ siad an teach ar a 8 a chlog ar maidin. (fág)

11) __________ an fhoireann an cluiche rugbaí. (caill)

12) __________ mé mo chuid gruaige mé féin! (gearr)

13) __________ sé a sheomra maidin amárach. (glan)

14) __________ Dónall an bus go lár na cathrach. (tóg)

15) __________ Neasa a cuid fiacla sa scáthán. (scuab)

16) __________ sí a hairgead ar mhilseáin sa siopa. (caith)

17) __________ (muid) litir chuig an bainisteoir. (scríobh)

18) __________ mé an bille mar tá an t-airgead agam. (íoc)

19) __________ Daidí an carr sa gharáiste anocht. (cuir)

20) __________ Séan trasna na habhann chun éalú. (léim)

Now let's deal with the ***2-syllable*** verbs. For these verbs, the future tense rule is basically the same as the present tense, but the ***endings*** are different.

Just as with the ***present*** tense, you have to drop the last letters from the **stem** before you can add endings. Remember, to do this you just knock off either the ***–igh*** or ***–aigh***. Only then can you decide if the verb is ***broad*** or ***slender***.

As always, a ***broad*** verb needs a ***broad*** ending and a ***slender*** verb needs a ***slender*** ending.

Endings for 2-syllable verbs:

Broad –	***Slender –***
-óidh mé	-eoidh mé
-óidh tú	-eoidh tú
-óidh sé/sí	-eoidh sé/sí
-óimid	-eoimid
-óidh sibh	-eoidh sibh
-óidh siad	-eoidh siad

So basically, whether you're dealing with the ***present*** tense or the ***future*** tense, there are 4 types of regular verbs:

1-syllable broad, 1-syllable slender, 2-syllable broad, and 2-syllable slender. Have a look at how they compare –

1-syll B:	***1-syll S:***	***2-syll B:***	***2-syll S:***
tóg	cuir	críochn**aigh**	oibr**igh**
glan	bris	ullmh**aigh**	deis**igh**
scuab	caith	tos**aigh**	éir**igh**
cíor	léim	brost**aigh**	cuimhn**igh**
ól	sroich	ceann**aigh**	dúis**igh**

brostaigh (b) – hurry	***deisigh (s)*** – repair
brostóidh mé	deiseoidh mé
brostóidh tú	deiseoidh tú
brostóidh sé/sí	deiseoidh sé/sí
brostóimid	deiseoimid
brostóidh sibh	deiseoidh sibh
brostóidh siad	deiseoidh siad

Ceacht 3:

Scríobh amach.

ceannaigh – buy	***tosaigh*** – start
________________	________________
________________	________________
________________	________________
________________	________________
________________	________________
________________	________________

réitigh le – get on with	***dúisigh*** – wake up
________________	________________
________________	________________
________________	________________
________________	________________
________________	________________
________________	________________

Ceacht 4:

Bain úsáid as na briathra seo a leanas.

dúisigh brostaigh ceannaigh
oibrigh críochnaigh deisigh
tosaigh éirigh bailigh ullmhaigh

1) __________ sé na leabhair ag deireadh an ranga.

2) __________ Laoise ar 11.00 maidin Dé Sathairn.

3) __________ Seán carr nua sa gharáiste amárach.

4) __________ (mé) ar scoil ar a 9 maidin amárach.

5) __________ (muid) bricfeasta blasta ar maidin.

6) __________ Daid an lampa briste duit níos moille.

7) __________ (muid) an obair ar a 5 tráthnóna.

8) __________ mé má chaillim an bus ar maidin.

9) __________ Fiachra go crua mar is gasúr maith é.

10) __________ sí nuair a chloisfidh sí an clog aláraim.

Time References:

amárach…	…tomorrow
anocht…	…tonight
níos déanaí/moille…	…later
an bhliain seo chugainn…	…next year
an mhí seo chugainn…	…next month
an tseachtain seo chugainn	…next week
maidin amárach…	…tomorrow morning
ag an deireadh seachtaine	…at the weekend

Now, let's put the ***1-syllable*** and ***2-syllable*** verbs together!

Ceacht 5:

Cuir an abairt cheart leis an phictiúr ceart.

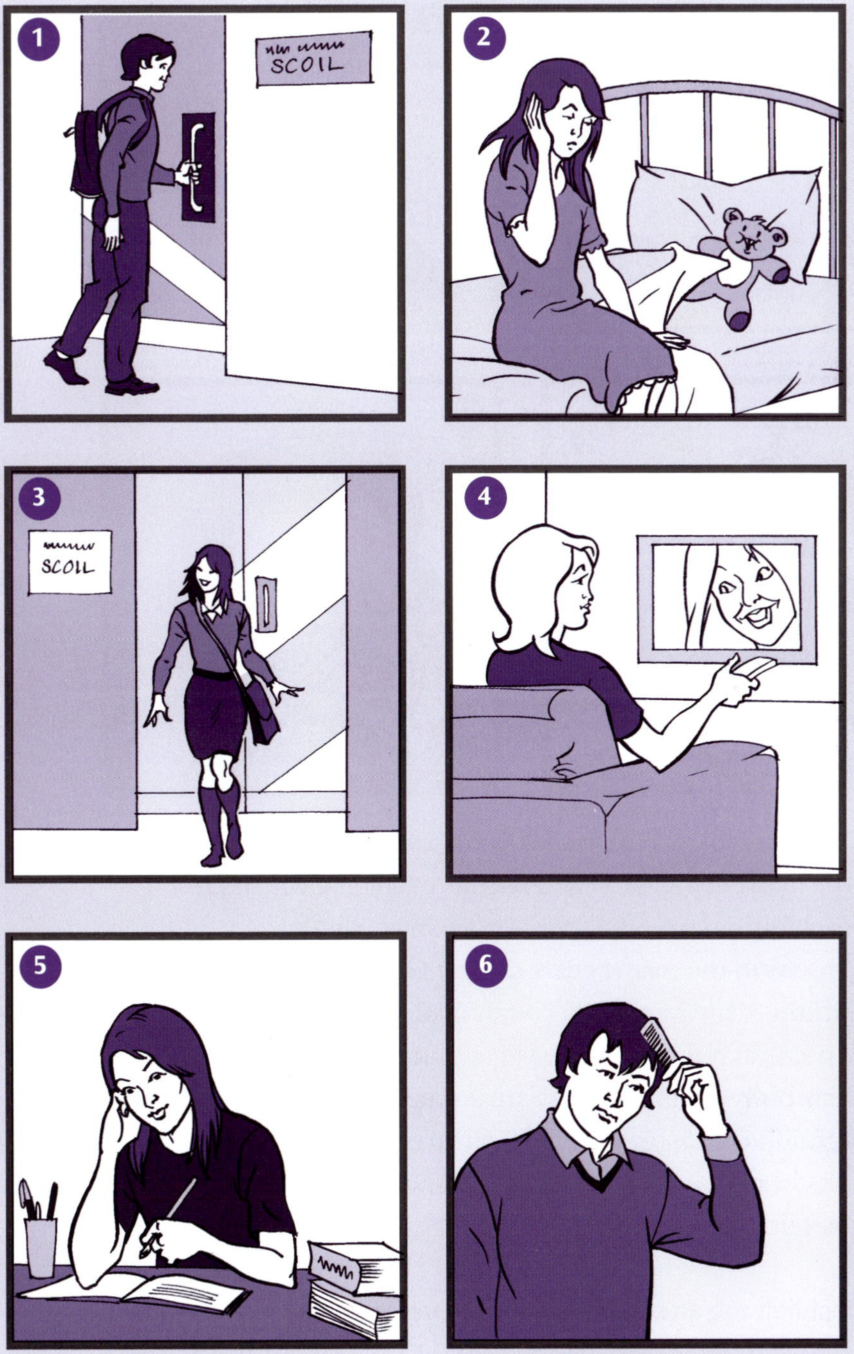

- Éir**eoidh** mé go luath maidin amárach.
- Sroich**fidh** mé an scoil ar a naoi ar maidin, le cuidiú Dé.
- Féach**faidh** mé ar *Hollyoaks* i ndiaidh an dinnéir.
- Oibre**oidh** mé mar is ceart sa rang Gaeilge amárach.
- Éist**fidh** mé leis an raidió roimh dhul a luí anocht.
- Déan**faidh** mé m'obair bhaile i mo sheomra leapa.
- Dúis**eoidh** mé maidin Dé Sathairn agus tuirse orm.
- Fág**faidh** mé an teach ar 8.30 amárach chun dul ar scoil.
- Críochn**óidh** an scoil amárach ar a haon a chlog.
- Cíor**faidh** mé mo chuid gruaige.

1 = Sroichfidh mé an scoil ar a naoi ar maidin, le cuidiú Dé.

Ceacht 6:

Cuir Gaeilge ar na frásaí seo. Bain úsáid as na briathra seo:

1-Syllable Verbs:

póg fág lean caith pós
rith ól sroich éist cuir

1) I will leave = ____________________
2) He will listen = ____________________
3) We will spend = ____________________
4) They will drink = ____________________
5) You will run = ____________________
6) She will reach = ____________________
7) You (pl.) will put = ____________________
8) I will follow = ____________________
9) He will kiss = ____________________
10) She will marry = ____________________

2-Syllable Verbs:

mothaigh críochnaigh éirigh ullmhaigh bailigh
tosaigh dúisigh oibrigh brostaigh deisigh

1) I will finish = ____________________
2) He will hurry = ____________________
3) We will prepare = ____________________
4) They will wake up = ____________________
5) You will start = ____________________
6) She will work = ____________________

7) You (pl.) will feel = ______________________

8) I will get up = ______________________

9) He will gather = ______________________

10) We will fix = ______________________

Questions and Negatives:

Just as in the ***present*** tense!
If you want to ***ask*** if someone will do something, just put the word ***'an'*** before the verb, followed by an ***urú***.

An gcuirfidh tú an dinnéar sa chuisneoir?

If you want to say someone will ***not*** do something, put ***ní*** before the verb, and insert a ***h***.

i.e. **Ní ch**uirfidh mé an dinnéar sa chuisneoir.

Urú – **m**b, **g**c, **n**d, **bh**f, **n**g, **b**p, **d**t.

Ceacht 7:

Will…?

1) Will you stay? (fan) = ______________________

2) Will she start? (tosaigh) = ______________________

3) Will you (pl.) feel? (mothaigh) = ______________________

4) Will I take? (tóg) = ______________________

5) Will he think? (ceap) = ______________________

6) Will we finish? (críochnaigh) = ______________________

7) Will they return? (fill) = ______________________

8) Will you fix? (deisigh) = ______________________

9) Will he reach? (sroich) = ____________________

10) Will we remember? (cuimhnigh) = ______________

...won't...

1) I won't take (tóg) = ________________________

2) He won't start (tosaigh) = __________________

3) We won't put (cuir) = ______________________

4) They won't remember (cuimhnigh) = ___________

5) You won't clean (glan) = ____________________

6) She won't spend (caith) = ___________________

7) You (pl.) won't hurry (brostaigh) ______________

8) I won't work (oibrigh) = ____________________

9) He won't marry (pós) = _____________________

10) They won't listen (éist) = __________________

Now, remember the ***6*** verbs that behave differently? Well, this is what they look like in the ***future*** tense:

téigh – go
rachaidh mé
rachaidh tú
rachaidh sé/sí
rachaimid
rachaidh sibh
rachaidh siad

faigh – get
gheobhaidh mé
gheobhaidh tú
gheobhaidh sé/sí
gheobhaimid
gheobhaidh sibh
gheobhaidh siad

déan – do/make
déanfaidh mé
déanfaidh tú
déanfaidh sé/sí
déanfaimid
déanfaidh sibh
déanfaidh siad

feic – see	*abair* – say	*bí* – be
feicfidh mé	déarfaidh mé	beidh mé
feicfidh tú	déarfaidh tú	beidh tú
feicfidh sé/sí	déarfaidh sé/sí	beidh sé/sí
feicfimid	déarfaimid	beimid
feicfidh sibh	déarfaidh sibh	beidh sibh
feicfidh siad	déarfaidh siad	beidh siad

Ceacht 8:

Léigh an sliocht, agus freagair na ceisteanna as Gaeilge.

DIALANN SHÍLE

Don Lá Amárach:

7.40… Éireoidh mé agus tógfaidh mé cith sa seomra folctha.
8.00… Gheobhaidh mé cupán tae agus ólfaidh mé é.
8.50… Sroichfidh mé an scoil agus tosóidh na ranganna.
9.40… Oibreoidh mé go crua sa rang agus beidh mé go maith.
1.00… Tógfaidh mé mo lón agus labhróidh mé mo chairde ar fad.
4.00… Sroichfidh mé an teach agus mé tuirseach traochta.
4.30… Déanfaidh mé m'obair bhaile ag tábla na cistine.
6.00… Gheobhaidh mé mo dhinnéar agus éistfidh mé le ceol.
8.30… Cuirfidh mé scairt ar mo chara Siobhán.
10.00… Féachfaidh mé ar an teilifís agus rachaidh mé a luí.

Ceisteanna:

1) Cad a dhéanfaidh Síle ar fiche go dtí a hocht?
2) An ólfaidh sí cupán caife dá bricfeasta?
3) Cén t-am a shroichfidh sí an scoil maidin amárach?
4) Cad a dhéanfaidh sí ar fiche go dtí a deich?
5) An dtógfaidh Síle a lón ar a haon a chlog?
6) Cad a dhéanfaidh sí ar a ceathair a chlog?

7) An ndéanfaidh sí a hobair bhaile ina seomra leapa?

8) Cad a tharlóidh ar a sé a chlog tráthnóna amárach?

9) Cé air a chuirfidh Síle scairt oíche amárach?

10) Cad a dhéanfaidh sí ar a deich a chlog?

Ceacht 9:

Scríobh amach an scéal – *Amárach...*

Bain úsáid as na briathra seo a leanas:

déan oibrigh scuab tóg

téigh cíor éirigh

féach dúisigh sroich

5
6
SCOIL
7
8
9
10

Ceacht 10:

Scríobh amach agus líon isteach na colúin seo.

*Ach bí cúramach – **Mixture** of regular **and** irregular verbs!*

Inné…	***Gach Lá…***	***Amárach…***
Dhúisigh mé	*Dúisím*	*Dúiseoidh mé*
___________	Ullmhaím	___________
___________	___________	*Sroichfidh sé*
D'éirigh sé	___________	___________
___________	*Ólann sí*	___________
___________	___________	*Feicfimid*
Léim muid	___________	___________
___________	*Bíonn tú*	___________
___________	___________	*Tosóidh siad*
Chuaigh sibh	___________	___________
___________	*Faigheann siad*	___________
___________	___________	*Éistfidh mé*
Thóg tú	___________	___________
___________	*Fágann tú*	___________
___________	___________	*Críochnóidh sé*
Chuir sí	___________	___________
___________	*Ritheann siad*	___________

4 An Modh Coinníollach – The Conditional Tense

Rule: Stem of verb + h + ending for conditional tense

The ***conditional*** tense talks about things that ***would*** happen if…

Remember, ***broad*** verbs need ***broad*** endings; ***slender*** verbs need ***slender*** endings.

Endings:

Broad –	***Slender –***
phóg**fainn**	chaith**finn**
phóg**fá**	chaith**feá**
phóg**fadh sé/sí**	chaith**feadh sé/sí**
phóg**faimis**	chaith**fimis**
phóg**fadh sibh**	chaith**feadh sibh**
phóg**faidís**	chaith**fidís**

ex. I would kiss him if I had the chance =
Phóg + fainn é dá mbeadh an seans agam.
B + ***B*** broad ***stem***, broad ***ending***.
I would spend more if I had the money =
Chaith + finn níos mó dá mbeadh an t-airgead agam.
S + ***S*** slender ***stem***, slender ***ending***.

Nóta: The above applies to ***1-syllable*** verbs. We will deal with the ***2-syllable*** verbs later.

Remember: Just as in the past tense, there are times when you can't add a ***h***, and you have to do something different.
– If the verb begins with a ***vowel*** (ól), add a **d'** instead (d'ól).
– If the verb begins with a **f** (fan), add a **d'** and a **h** (d'fhan).
– If the verb begins with **l, n, r** (las/nigh/rith), leave as is.

tóg (b) – take	***cuir (s)*** – put
thógfainn	chuirfinn
thógfá	chuirfeá
thógfadh sé/sí	chuirfeadh sé/sí
thógfaimis	chuirfimis
thógfadh sibh	chuirfeadh sibh
thógfaidís	chuirfidís

Ceacht 1:

Scríobh amach.

glan – clean	***fan*** – stay/wait
________________	________________
________________	________________
________________	________________
________________	________________
________________	________________
________________	________________
bris – break	***éist*** – listen
________________	________________
________________	________________
________________	________________
________________	________________
________________	________________
________________	________________

Ceacht 2:

Scríobh na briathra sa Mhodh Coinníollach.

1) __________ (tú) an seomra dá mbeadh sé salach. (glan)
2) __________ sé ar *Hollyoaks* dá mbeadh an t-am aige. (féach)
3) __________ (muid) ár gcótaí dá mbeadh sé ag cur báistí. (tóg)
4) __________ (siad) ar a dtuistí dá mbeidís sa bhaile. (iarr)
5) __________ (mé) le ceol dá mbeadh m'*I-pod* agam. (éist)
6) __________ Caolán ar scoil dá gcaillfeadh sé an bus. (rith)
7) __________ Síle ina leabhar dá mbeadh peann aici. (scríobh)
8) __________ sibh úll dá mbeadh an seans agaibh. (goid)
9) __________ (tú) an t-arán dá mbeadh scian agat. (gearr)
10) __________ sé Róise álainn dá mbeadh an seans aige. (pós)
11) __________ (mé) an cluiche muna mbeinn ábalta rith. (caill)
12) __________ (muid) ar an áit dá mbeadh carr againn. (fill)
13) __________ sibh an chathair dá mbeadh an seans agaibh. (fág)
14) __________ sí éadaí galánta dá mbeadh airgead aici. (caith)
15) __________ Úna gúna deas uirthi dá mbeadh ceann aici. (cuir)
16) __________ Dónall an cailín dá mbeadh an muinín aige. (póg)
17) __________ (mé) an bille, ach níl an t-airgead agam. (íoc)
18) __________ (siad) cupán caife dá mbeadh an t-am acu. (ól)
19) __________ (tú) an scoil mall muna mbeifeá ag brostú. (sroich)
20) __________ sé post duit dá mbeadh ceann ar fáil. (geall)

Now, let's deal with the ***2-syllable*** verbs. Again, for these verbs the conditional tense rule is basically the same as the present tense, but the ***endings*** are different.

Just as with the ***present*** and ***future*** tenses, you need to drop the ending from the ***stem*** before you can add further endings. This means dropping either the ***–igh*** or ***–aigh***. Then you decide if the verb is ***broad*** or ***slender***.

As always, a ***broad*** verb needs a ***broad*** ending and a ***slender*** verb needs a ***slender*** ending.

Endings for 2-syllable verbs:

Broad –
-óinn
-ófá
-ódh sé/sí
-óimis
-ódh sibh
-óidís

Slender –
-eoinn
-eofá
-eodh sé/sí
-eoimis
-eodh sibh
-eoidís

> ***Note:*** In the ***conditional*** tense, many of the ***persons*** are built into the endings, i.e. there's no separate ***mé, tú, muid,*** or ***siad.***

A reminder of some of the ***2-syllable*** verbs we've worked with:

broad:
brost**aigh** = rush
ceann**aigh** = buy
críochn**aigh** = finish
cabhr**aigh** = help
gort**aigh** = injure
tos**aigh** = start
ullmh**aigh** = prepare

slender:
bail**igh** = collect
cuid**igh** = help
cuimhn**igh** = remember
deis**igh** = fix
dúis**igh** = wake up
éir**igh** = get up
oibr**igh** = work

tosaigh (b) – start	***deisigh (s)*** – repair
thosóinn	dheiseoinn
thosófá	dheiseofá
thosódh sé/sí	dheiseodh sé/sí
thosóimis	dheiseoimis
thosódh sibh	dheiseodh sibh
thosóidís	dheiseoidís

Ceacht 3:

Scríobh amach.

gortaigh – injure

____

____

____

____

____

____

cabhraigh – help

____

____

____

____

____

____

smaoinigh – think

____

____

____

____

____

____

oibrigh – work

____

____

____

____

____

____

Ceacht 4:

Bain úsáid as na briathra seo a leanas:

deisigh gortaigh bailigh
smaoinigh ceannaigh ullmhaigh
críochnaigh cuidigh diúltaigh oibrigh

1) __________ (tú) carr nua dá mbeadh an t-airgead agat.

2) __________ (muid) leis an bhean, ach níl an t-am againn.

3) __________ (siad) na leabhair ach tá siad faoi bhrú ama.

4) __________ sé an rás dá mbeadh an fuinneamh aige.

5) __________ (mé) an obair a dhéanamh, ach tá eagla orm!

6) __________ Daidí an teilifís, ach tá sé briste ar fad.

7) __________ sí ar thoirtín úll a dhéanamh, dá mbeadh úlla aici.

8) __________ Conall a cheann go dona gan an clogad sin.

9) __________ sibh an dinnéar dá mbeadh an bia agaibh.

10) __________ (mé) san óstán dá mbeadh post ar fáil ann.

Time References:

Dá mbeadh an t-am agam… If I had the time
Dá mbeadh an seans agam… If I had the chance
Dá mbeadh an t-airgead agam… If I had the money
Dá mbeinn i mo Thaoiseach… If I were Taoiseach
Dá mbeinn i m'Aire Oideachais… If I were Minister for Education
Dá mbainfinn an Crannchur Náisiúnta… If I won the National Lottery

Now, let's put the ***1-syllable*** and ***2-syllable*** verbs together!

Ceacht 5:

Cuir an abairt cheart leis an phictiúr ceart.

- **D'fh**ág**fainn** an teach go luath, ach níl an t-am agam.
- **D'**éir**eoinn** go moch dá mbeadh lá scoile ann.
- **Th**os**óinn** ar m'obair bhaile dá mbeadh peann agam.
- **D'**éist**finn** leis an raidió dá mbeadh an t-am agam.
- D**h**úis**eoinn** ar a hocht dá mbeadh clog aláraim agam.
- C**h**íor**fainn** mo chuid gruaige dá mbeadh cíor agam.
- T**h**óg**fainn** cith dá mbeadh an t-am agam.
- **D'fh**ill**finn** ar an teach, ach níl eochair agam.
- **D'**oibr**eoinn** go maith sa rang dá mbeadh cuidiú agam.
- **D'fh**éach**fainn** ar *Eastenders* dá mbeadh seans agam.

***Ex.* 1** = Thógfainn cith dá mbeadh an t-am agam.

Ceacht 6:

Cuir Gaeilge ar na frásaí seo. Bain úsáid as na briathra thíos:

1-Syllable Verbs:

pós	fan	las	caill	goid
éist	glan	scuab	buail	lig

1) I would stay = ______________________________
2) He would lose = ______________________________
3) We would brush = ______________________________
4) They would listen = ______________________________
5) You would light = ______________________________
6) She would steal = ______________________________
7) You (pl.) would clean = ______________________________
8) I would let = ______________________________
9) He would marry = ______________________________
10) She would hit = ______________________________

2-Syllable Verbs:

ullmhaigh	cuimhnigh	dúisigh	brostaigh	éirigh
gortaigh	deisigh	ceannaigh	mothaigh	oibrigh

1) You would wake up = ______________________________
2) She would fix = ______________________________
3) You (pl.) would remember = ______________________________
4) I would rush = ______________________________
5) He would get up = ______________________________
6) We would prepare = ______________________________
7) They would feel = ______________________________

8) You would injure = ______________________

9) She would buy = ______________________

10) I would work = ______________________

Questions and Negatives:

Just as in the ***present*** and ***future*** tenses!
If you want to ***ask*** if someone would do something, just put the word ***'an'*** before the verb, followed by an ***urú***.

An dtógfá an bus dá mbainfeá an Crannchur Náisiúnta?

If you want to say someone would ***not*** do something, put ***ní*** before the verb, followed by a ***h***.

Ní thógfainn an bus dá mbainfinn an Crannchur Náisiúnta.

Urú – **m**b, **g**c, **n**d, **bh**f, **n**g, **b**p, **d**t.

Ceacht 7:

Would…?

1) Would you leave? (fág) = ______________________

2) Would she finish? (críochnaigh) = ______________

3) Would you (pl.) injure? (gortaigh) = ___________

4) Would I follow? (lean) = ______________________

5) Would he prepare? (ullmhaigh) = ______________

6) Would we help? (cuidigh) = ____________________

7) Would they marry? (pós) = ____________________

8) Would you listen? (éist) = ____________________

9) Would she steal? (goid) = _____________________

10) Would you (pl.) work? (oibrigh) = _____________

...wouldn't...

1) I wouldn't take (tóg) = ____________________

2) He wouldn't finish (críochnaigh) = ____________

3) We wouldn't return (fill) = __________________

4) They wouldn't fix (deisigh) = ________________

5) You wouldn't put (cuir) = __________________

6) She wouldn't lose (caill) = __________________

7) You (pl.) wouldn't prepare (ullmhaigh) = _______

8) I wouldn't rush (brostaigh) = ________________

9) He wouldn't work (oibrigh) = ________________

10) They wouldn't clean (glan) = ________________

Now, remember the ***6*** verbs that behave differently? Well, this is what they look like in the ***conditional*** tense:

téigh – go
rachainn
rachfá
rachadh sé/sí
rachaimis
rachadh sibh
rachaidís

faigh – get
gheobhainn
gheofá
gheobhadh sé/sí
gheobhaimis
gheobhadh sibh
gheobhaidís

déan – do/make
dhéanfainn
dhéanfá
dhéanfadh sé/sí
dhéanfaimis
dhéanfadh sibh
dhéanfaidís

feic – see
d'fheicfinn
d'fheicfeá
d'fheicfeadh sé/sí
d'fheicfimis
d'fheicfeadh sibh
d'fheicfidís

abair – say
déarfainn
déarfá
déarfadh sé/sí
déarfaimis
déarfadh sibh
déarfaidís

bí – be
bheinn
bheifeá
bheadh sé/sí
bheimis
bheadh sibh
bheidís

Ceacht 8:

Léigh an sliocht, agus freagair na ceisteanna as Gaeilge.

AN LÁ A THAITNEODH LE hÁINE

Dé Sathairn:

12.00… D'éireoinn agus thógfainn cith mar bheadh uisce te ann.
12.30… D'ullmhódh Mamaí bricfeasta dom agus ní chuideoinn léi!
12.45... Chuirfinn orm mo chuid éadaí i mo sheomra leapa.
1.00… D'fhágfainn an teach agus bhuailfinn le mo chairde.
1.20… Thógfaimis an bus isteach go lár na cathrach.
2.00… Gheobhaimis ár lón i KFC agus bheadh sé saor in aisce!
3.00… Chaithfimis cuid mhór airgid agus cheannóinn éadaí.
7.00… Rachaimis go dtí an phictiúrlann ar imeall na cathrach.
7.30… D'fhéachfaimis ar scannán agus bheadh sé ar dóigh.
11.00… D'fhillfinn abhaile ach ní bheadh deifir ar bith orm!

Ceisteanna:

1) Cad a dhéanfadh Áine ag meán lae?
2) An ullmhódh a deartháir bricfeasta di?
3) Cá chuirfeadh sí uirthi a cuid éadaí?
4) Cén t-am a d'fhágfadh sí an teach lena cairde a fheiceáil?
5) An dtógfaidís an traein isteach sa chathair?
6) An íocfadh sí as an lón in KFC?
7) Cad air a chaithfeadh Áine a cuid airgid?
8) Cá rachaidís ar a seacht a chlog?
9) Cad é mar a bheadh an scannán a d'fheicfidís?
10) Cén fáth nach bhfillfeadh sí abhaile go dtí a haon déag?

Watch out for a small group of ***2-syllable*** verbs that take the ***regular endings*** we've been working with across all the tenses, but whose ***stem*** must be altered first. Most 2-syllable verbs end in ***–aigh*** or ***–igh***, but not these. These verbs include:

bagair = threaten	ceangail = tie
codail = sleep	cosain = cost
eitil = fly	freagair = answer
imir = play	inis = tell
labhair = speak	múscail = waken
oscail = open	taitin = enjoy

To alter the ***stem*** of these verbs, you remove the ***vowels*** from the ***second*** syllable. Then you just decide if the stem is ***broad*** or ***slender***, and add the 2-syllable ***endings*** as normal.

Stem:		***Afterwards:***	***Stem:***		***Afterwards::***
bagair	>	bagr ***b***	ceangail	>	ceangl ***b***
codail	>	codl ***b***	cosain	>	cosn ***b***
eitil	>	eitl ***s***	freagair	>	freagr ***b***
imir	>	imr ***s***	inis	>	ins ***s***
labhair	>	labhr ***b***	múscail	>	múscl ***b***
oscail	>	oscl ***b***	taitin	>	taitn ***s***

Scríobh amach as Gaeilge:

1) I sleep = ______________________________
2) He will play = ______________________________
3) We would open = ______________________________
4) They will answer = ______________________________
5) You wake up = ______________________________
6) They cost = ______________________________
7) She would enjoy = ______________________________
8) You (pl.) threaten = ______________________________
9) I will tell = ______________________________
10) He would fly = ______________________________

5 Na Briathra Neamhrialta – The Irregular Verbs

Until now we have dealt with regular, well-behaved verbs like:

1-syllable:	*2-syllable:*
cuir (put)	dúisigh (waken)
tóg (take)	ceannaigh (buy)

Thankfully, most verbs are like this. They follow all the rules and patterns we've been practising.

We've also worked with the 6 most common ***irregular*** verbs:

téigh (go)	faigh (get)
déan (do/make)	feic (see)
abair (say)	bí (be)

Inné:	*Gach Lá:*	*Amárach:*	*Dá…*
Chuaigh mé	Téim	Rachaidh mé	Rachainn
Rinne mé	Déanaim	Déanfaidh mé	Dhéanfainn
Dúirt mé	Deirim	Déarfaidh mé	Déarfainn
Fuair mé	Faighim	Gheobhaidh mé	Gheobhainn
Chonaic mé	Feicim	Feicfidh mé	D'fheicfinn
Bhí mé	Bím	Beidh mé	Bheinn

But there are other verbs that are ***irregular***. They are:

beir (grab/catch)	tabhair (give)
clois (hear)	tar (come)
ith (eat)	

Let's look at each of them in all the tenses.

beir ar – grab/catch

Aimsir Chaite:	*Aimsir Láithreach:*
rug mé	beirim
rug tú	beireann tú
rug sé/sí	beireann sé/sí
rug muid	beirimid
rug sibh	beireann sibh
rug siad	beireann siad

Aimsir Fháistineach:	*Modh Coinníollach:*
béarfaidh mé	bhéarfainn
béarfaidh tú	bhéarfá
béarfaidh sé/sí	bhéarfadh sé/sí
béarfaimid	bhéarfaimis
béarfaidh sibh	bhéarfadh sibh
béarfaidh siad	bhéarfaidís

Ceacht 1:

Scríobh na habairtí seo as Gaeilge. Cuideoidh na focail seo leat:

cóta sliotar mála scoile gadaí liathróid eochracha

1) I caught the ball = ____________________
2) He grabs his keys = ____________________
3) We will grab the ball = ____________________
4) They would catch the thief = ____________________
5) You catch the sliotar = ____________________
6) She would grab her schoolbag = ____________________
7) You caught the ball = ____________________
8) I will grab my coat = ____________________
9) He catches the sliotar = ____________________
10) We caught the thief = ____________________

This is the way to ***ask a question*** or say something ***negative*** –

Aimsir Chaite:

e.g. **Ar** rug sibh ar an ghadaí go fóill?

Níor rug muid air go fóill.

Aimsir Láithreach:

e.g. **An m**beireann tú ar do chaipín ar maidin?

Ní b**h**eirim.

Aimsir Fháistineach:

e.g. **An m**béarfaidh sé ar an liathróid sa chluiche?

Ní b**h**éarfaidh.

Modh Coinníollach:

e.g. **An m**béarfadh sí ar a mála scoile maidin Dé Sathairn?

Ní b**h**éarfadh.

Ceacht 2:

Scríobh na habairtí seo as Gaeilge.

1) Did you catch the sliotar? = ____________________
2) She doesn't catch the ball = ____________________
3) Will they catch the thief? = ____________________
4) I didn't grab my coat = ____________________
5) Would you grab the box? = ____________________
6) We won't grab our schoolbags = ____________________
7) Did he catch the ball? = ____________________
8) Will you grab the bag? = ____________________
9) We didn't catch the thief = ____________________
10) She wouldn't catch the sliotar = ____________________

clois – hear

Aimsir Chaite:	*Aimsir Láithreach:*
chuala mé	cloisim
chuala tú	cloiseann tú
chuala sé/sí	cloiseann sé/sí
chuala muid	cloisimid
chuala sibh	cloiseann sibh
chuala siad	cloiseann siad

Aimsir Fháistineach:	*Modh Coinníollach:*
cloisfidh mé	chloisfinn
cloisfidh tú	chloisfeá
cloisfidh sé/sí	chloisfeadh sé/sí
cloisfimid	chloisfimis
cloisfidh sibh	chloisfeadh sibh
cloisfidh siad	chloisfidís

Ceacht 3:

Scríobh na habairtí seo as Gaeilge. Cuideoidh na focail seo leat:

múinteoir carr ráflaí ceol máthair clog

1) I hear the bell = ____________________
2) They would hear the teacher = ____________________
3) You heard the music = ____________________
4) She will hear the car = ____________________
5) You hear your mother = ____________________
6) We heard the rumours = ____________________
7) He will hear the music = ____________________
8) They would hear the car = ____________________
9) I heard the rumours = ____________________
10) We hear the teacher = ____________________

This is the way to ***ask a question*** or say something ***negative*** –

Aimsir Chaite:

e.g. **Ar** chuala tú an scéal?

Níor chuala mé go fóill.

Aimsir Láithreach:

e.g. **An g**cloiseann sibh í ag canadh?

Ní chloiseann.

Aimsir Fháistineach:

e.g. **An g**cloisfidh sé an clog ag bualadh?

Ní chloisfidh.

Modh Coinníollach:

e.g. **An g**cloisfeadh sibh an doras ag oscailt?

Ní chloisfimis.

Ceacht 4:

Scríobh na habairtí seo as Gaeilge.

1) Did he hear the teacher? = ________________________

2) We don't hear the music = ________________________

3) Will they hear the car? = ________________________

4) She won't hear the bell = ________________________

5) We don't hear the teacher = ________________________

6) Did you hear the rumours? = ________________________

7) Do you hear your father? = ________________________

8) He didn't hear the news = ________________________

9) Does she hear her mother? = ________________________

10) I will hear the music = ________________________

ith – eat

Aimsir Chaite:	*Aimsir Láithreach:*
d'ith mé	ithim
d'ith tú	itheann tú
d'ith sé/sí	itheann sé/sí
d'ith muid	ithimid
d'ith sibh	itheann sibh
d'ith siad	itheann siad

Aimsir Fháistineach:	*Modh Coinníollach:*
íosfaidh mé	d'íosfainn
íosfaidh tú	d'íosfá
íosfaidh sé/sí	d'íosfadh sé/sí
íosfaimid	d'íosfaimis
íosfaidh sibh	d'íosfadh sibh
íosfaidh siad	d'íosfaidís

Ceacht 5:

Scríobh na habairtí seo as Gaeilge. Cuideoidh na focail seo leat:

milseáin dinnéar seacláid
burgar bricfeasta glasraí

1) I ate my breakfast = ____________________
2) He will eat a burger = ____________________
3) We eat our dinner = ____________________
4) They would eat sweets = ________________
5) You will eat your vegetables = _____________
6) She would eat chocolate = ________________
7) You (pl.) ate your breakfast = ______________
8) I eat my dinner = _______________________
9) He will eat his vegetables = ________________
10) We ate sweets = _______________________

This is the way to ***ask a question*** or say something ***negative*** –

Aimsir Chaite:

e.g. **Ar** ith tú do dhinnéar?

Níor ith mé go fóill.

Aimsir Láithreach:

e.g. **An** itheann sibh lón sa bhialann?

Ní itheann.

Aimsir Fháistineach:

e.g. **An** íosfaidh sé bricfeasta?

Ní íosfaidh.

Modh Coinníollach:

e.g. **An** íosfá tuilleadh prátaí?

Ní íosfainn, mar tá mé lán.

Ceacht 6:

Scríobh na habairtí seo as Gaeilge.

1) Does he eat vegetables? = ______________________
2) Will they eat fish? = ______________________
3) You didn't eat your dinner = ______________________
4) They don't eat sweets = ______________________
5) Did she eat her lunch? = ______________________
6) He won't eat potatoes = ______________________
7) Do you eat breakfast? = ______________________
8) Will we eat chocolate? = ______________________
9) He doesn't eat vegetables = ______________________
10) She didn't eat her burger = ______________________

tabhair – give/bring

Aimsir Chaite:	***Aimsir Láithreach:***
thug mé	tugaim
thug tú	tugann tú
thug sé/sí	tugann sé/sí
thug muid	tugaimid
thug sibh	tugann sibh
thug siad	tugann siad

Aimsir Fháistineach:	***Modh Coinníollach:***
tabharfaidh mé	thabharfainn
tabharfaidh tú	thabharfá
tabharfaidh sé/sí	thabharfadh sé/sí
tabharfaimid	thabharfaimis
tabharfaidh sibh	thabharfadh sibh
tabharfaidh siad	thabharfaidís

Ceacht 7:

Scríobh na habairtí seo as Gaeilge. Cuideoidh na focail seo leat:

mála airgead císte
bronntanas obair bhaile deoch

1) You gave a present to him = ____________________
2) She brings her bag to school = ____________________
3) You (pl.) will give a drink to her = ________________
4) I would give money to you = ____________________
5) He gives homework to her = ____________________
6) We gave a cake to him = ________________________
7) He brought his bag to school = __________________
8) They will give a present to her = ________________
9) You would give a drink to him = _________________
10) I bring homework to school = ___________________

This is the way to ***ask a question*** or say something ***negative*** –

Aimsir Chaite:

e.g. **Ar** thug tú do mhála ar scoil leat?

Níor thug.

Aimsir Láithreach:

e.g. **An d**tugann sí airgead dá deartháir?

Ní thugann.

Aimsir Fháistineach:

e.g. **An d**tabharfaidh siad bronntanas di?

Ní thabharfaidh siad tada di.

Modh Coinníollach:

e.g. **An d**tabharfá deoch dom?

Ní thabharfainn!

Ceacht 8:

Scríobh na habairtí seo as Gaeilge.

1) I didn't bring my lunch with me (liom) = ______________
2) He won't give homework to us (dúinn) = ______________
3) Did he bring money with him? (leis) = ______________
4) Do they bring sweets with them? (leo) = ______________
5) She doesn't give chocolate to him (dó) = ______________
6) We didn't give a present to her (di) = ______________
7) Will you bring a pen with you? (leat) = ______________
8) Does he give money to her? (di) = ______________
9) We won't bring coats with us (linn) = ______________
10) Will you give a sweet to me? (dom) = ______________

tar – come

Aimsir Chaite:	*Aimsir Láithreach:*
tháinig mé	tagaim
tháinig tú	tagann tú
tháinig sé/sí	tagann sé/sí
tháinig muid	tagaimid
tháinig sibh	tagann sibh
tháinig siad	tagann siad

Aimsir Fháistineach:	*Modh Coinníollach:*
tiocfaidh mé	thiocfainn
tiocfaidh tú	thiocfá
tiocfaidh sé/sí	thiocfadh sé/sí
tiocfaimid	thiocfaimis
tiocfaidh sibh	thiocfadh sibh
tiocfaidh siad	thiocfaidís

Ceacht 9:

Scríobh na habairtí seo as Gaeilge. Cuideoidh na focail seo leat:

isteach sa bhaile   tábla   go hÉirinn
níos moille   ar Aifreann   abhaile

1) I came home at 4.00 = ____________________
2) He will come to school later = ____________________
3) We come to the table = ____________________
4) They would come to Ireland = ____________________
5) You will come to Mass = ____________________
6) She comes into town = ____________________
7) You (pl.) come to Ireland = ____________________
8) I would come to Mass = ____________________
9) He came to the table = ____________________
10) We will come into town = ____________________

This is the way to ***ask a question*** or say something ***negative*** –

Aimsir Chaite:

e.g. **Ar** tháinig sé abhaile go luath?

Níor tháinig.

Aimsir Láithreach:

e.g. **An d**tagann sí ar scoil sa charr?

Ní thagann.

Aimsir Fháistineach:

e.g. **An d**tiocfaidh tú chuig an dioscó liom?

Ní thiocfaidh!

Modh Coinníollach:

e.g. **An d**tiocfá liom do dtí an dochtúir?

Ní thiocfainn, mar tá obair le déanamh agam.

Ceacht 10:

Scríobh na habairtí seo as Gaeilge.

1) Would she come shopping with us? = ______________________
2) I didn't come home on the bus = ______________________
3) Will you (pl.) come to the table? = ______________________
4) He doesn't come into town = ______________________
5) We wouldn't come home late = ______________________
6) Did they come to school today? = ______________________
7) I won't come to Mass with you = ______________________
8) Would you (pl.) come home early? = ______________________
9) Did you come with a friend? = ______________________
10) He doesn't come to school everyday = ______________________

6 Claoninsint – Indirect Speech

Indirect speech is all about ***reporting*** what someone said.

> "Cheannaigh mé fón póca nua," a dúirt Ciarán.
> = Dúirt Ciarán ***gur*** cheannaigh sé fón póca nua.
> = Ciarán said ***that*** he bought a new mobile phone.

These are the words we use for the word ***that***:

Aimsir Chaite:

gur = that (+***h***)
nár = that didn't (+***h***)

Aimsir Láithreach/Fháistineach/Modh Coinníollach:

go = that (+***urú***)
nach = that doesn't (+***urú***)

> ***Urú:*** **m**b, **g**c, **n**d, **bh**f, **n**g, **b**p, **d**t, **n-**vowels.

Bí cúramach! Your tenses and endings may have to change when you convert ***direct*** speech into ***indirect*** speech:

Direct:		Indirect:
– Aimsir Chaite	>	Aimsir Chaite
– Aimsir Láithreach	>	Aimsir Láithreach
– Aimsir Fháistineach	**>**	***Modh Coinníollach***
– Modh Coinníollach	>	Modh Coinníollach

Let's have a look at some ***positive*** examples:

Díreach:	**Indíreach:** *Dúirt sí…*
"Thug mé bronntanas di **inné"**	…**gur** thug sí bronntanas di **inné**
"Cuir**im** leabhar sa mhála **gach lá"**	**…go g**cuir**eann** sí leabhar sa mhála **gach lá**
"Glan**faidh** mé an chistin **anocht"**	**…go n**glan**fadh** sí an chistin **anocht**
"D'fhág**fainn** an teach ar a hocht"	**…go bh**fágf**adh** sí an teach ar a hocht

Ceacht 1: Positives

Dúirt Cáit…

1) "Chuir mé orm mo chuid éadaí" = ______________
2) "Tógaim an bus ar scoil gach lá" = ______________
3) "Ghlan mé mo sheomra inné" = ________________
4) "Ullmhóidh mé an dinnéar amárach" = __________
5) "D'fhanfainn sa bhaile liom féin = ______________
6) "Chaill mé mo sparán ag an dioscó" = __________
7) "Fágfaidh mé an teacht ar a hocht" = ____________
8) "Ólaim sú oráiste ar maidin" = ________________
9) "Thosaigh mé ag obair ar a hocht" = ____________
10) "D'fheicfinn é dá mbeadh an t-am agam" = ______

Now let's look at the ***negative*** versions:

Díreach:	**Indíreach:** *Dúirt sí…*
"Níor thug mé bronntanas di **inné"**	…**nár** thug sí bronntanas di **inné**
"Ní chuir**im** leabhar sa mhála **gach lá"**	**…nach g**cuir**eann** sí leabhar sa mhála **gach lá**
"Ní ghlan**faidh** mé an chistin **anocht"**	**…nach n**glan**faidh** sí an chistin **anocht**
"Ní fhág**fainn** an teach ar a hocht"	**…nach bh**fág**fadh** sí an teach ar a hocht

Ceacht 2: Negatives

Dúirt Peadar…

1) "Níor cheannaigh mé carr nua" = ______________
2) "Ní fhanaim sa bhaile istoíche" = ______________
3) "Ní ólfaidh mé caife le siúcra" = ______________
4) "Níor chuidigh mé le mo mháthair" = ______________
5) "Ní chaillfinn é ar ór na cruinne" = ______________
6) "Níor bhris mé an ghloine sin" = ______________
7) "Ní cheannóidh mé éadaí nua = ______________
8) "Ní ghoidfinn faic ó dhuine ar bith" = ______________
9) "Níor ith mé bricfeasta ar maidin" = ______________
10) "Ní fhéachaim ar chluichí peile" = ______________

As always, there are some ***irregular*** verbs that behave differently. You may remember them from the tenses:

téigh = go	déan = do/make
abair = say	faigh = get
feic = see	bí = be

These verbs always use **go** and ***nach***, even in the ***past*** tense:

Díreach:		**Indíreach:** *Dúirt sí…*
"Chuaigh mé"	>	**go n**deachaigh sí
"Rinne mé"	>	**go n**dearna sí
"Dúirt mé"	>	**go n**dúirt sí
"Fuair mé"	>	**go bh**fuair sí
"Chonaic mé"	>	**go bh**faca sí
"Bhí mé"	>	**go** raibh sí

"Fuair mé *I-pod* mar bhronntanas," a dúirt Síle =
Dúirt Síle **go bh**fuair sí *I-pod* mar bhronntanas.

Ceacht 3:

Dúirt Doireann…

1) "Rinne mé bricfeasta ar maidin" = ____________________
2) "Bhí mo dheirfiúr ag an dioscó aréir" = ________________
3) "Dúirt mé le mo dhaid go raibh mé tinn" = ____________
4) "Chonaic mé scannán iontach inné" = ________________
5) "Chuaigh mé ag siopadóireacht le mo mham" = ________
6) "Fuair mé cóta nua ag an deireadh seachtaine" = ________
7) "Dúirt mo dheartháir go raibh sé sa bhaile" = __________
8) "Rinneamar ár n-obair bhaile tráthnóna inniu" = ________
9) "Chuaigh mo chairde go lár na cathrach inné" = ________
10) "Bhí mo scoil sa chluiche leathcheannais" = ____________

An Chopail – The Copula (***Is***)

In Irish we use this when we say what someone is:

He ***is*** a teacher = ***Is*** múinteoir **é**.
She ***is*** an American = ***Is*** Meiriceánach ***í***.

The ***negative*** is ***ní***: He is not a fool = ***Ní*** amadán **é**.
We also use the copula to say ***what we think***:

Is maith liom/ ***Is*** breá liom/ ***Is*** fuath liom/ ***Is*** cuma liom…

Díreach:		**Indíreach:** *Dúirt sí…*
"Is"	>	gur/gurb (in front of vowel)
"Ní"	>	nach
"Is dalta scoile mé"	>	gur dalta scoile í/gurb amhránaí í.
"Ní aingeal mé"	>	nach aingeal í.

Is changes to ***ba*** in the ***past*** tense, and take a ***'h'***.

She was a mechanic = ***Ba*** m**h**eicneoir ***í***.

Díreach:		**Indíreach:** *Dúirt sí…*
"Ba" +h	>	gur +h/gurbh (in front of vowel)
"Níor" +h	>	nár +h/nárbh (in front of vowel)
"Ba chailín cliste í"	>	gur chailín cliste í.
"Níor aingeal é"	>	narbh aingeal í/nár chailín cliste í.

Ceacht 4:

Dúirt Liam…

1) "Is altra í mo dheirfiúr Úna" = ____________________

2) "Is amadán é m'uncail Dónall" = ____________________

3) "Ní maith liom dul ag siopadóireacht" = ____________

4) "Ba chóir dom staidéar a dhéanamh" = ____________

5) "Is Sasanaigh iad mo chol ceathracha" = ____________

6) "Is álainn an radharc é sin" = ____________________

7) "B'aisteoir iontach é Heath Ledger" = ____________

8) "Ní cailín deas í Siobhán" = ______________________

9) "Is fuath liom bheith ag obair" = __________________

10) "Níor mhiste liom sin a dhéanamh" = ______________

7 Má / Dá – If…

There are 2 words for *if*. Whether you use ***Má*** or ***Dá*** depends on which tense you are speaking in.

Má: Present Tense ***+h,*** followed by Future Tense.

If it rains, I **will** bring an umbrella with me =
Má ch**u**ir**eann** sé, tabhar**faidh** mé scáth fearthainne liom.

Ceacht 1:

Scríobh amach na habairtí seo.

1) Má (gortaigh) sé a chos, ní (imir) sé sa chluiche peile =

____

2) Má (geall) tú bheith go maith, (caith) tú bheith go maith =

____

3) Má (tosaigh) tú ag obair, (ceannaigh) mé fón nua duit =

____

4) Má (diúltaigh) sí an obair a dhéanamh, (faigh) sí pionós =

____

5) Má (clois) mo Dhaidí sin, (téigh) sé ar mire =

____

6) Má (tar) sé go dtí an cóisir, (feic) mé ansin iad =

____

7) Má (buail: mé) leis, (inis) mé an scéal dó =

____

8) Má (feic: mé) é, (tabhair) mé an teachtaireacht dó =

____

9) Má (faigh) sí torthaí maithe, (bí) a mam breá sásta =

____

10) Má (glan) tú do sheomra, (tabhair) mé airgead duit =

____

Ceacht 2:

Scríobh amach as Gaeilge.

1) If it starts (tosaigh) on time I will be (bí) home on time =

____

2) If the teacher gives (tabhair) homework, I will not watch (féach) TV

= ______________________________

3) If you help (cuidigh) me, you will get (faigh) money =

____

4) If he sleeps (codail) well I will waken (dúisigh) him early =

____

5) If she tells (inis) the story, they will understand (tuig) =

____

6) If you promise (geall) to be good, I will buy (ceannaigh) you a present

= ______________________________

7) If he hurts (gortaigh) himself, he will not play (imir) at the match tomorrow = ______________________________

8) If you refuse (diúltaigh) to be good, I will ask (iarr ar) the principal to come in =

____

9) If she remembers (cuimhnigh ar) his birthday, she will buy (ceannaigh) him a present =

____

10) If you go (téigh) to the shop, you will be (bí) late for school =

____

Má is often used when giving a warning, or offering a bribe!

Dá is usually used to say what you ***would*** do in a hypothetical situation, i.e: ***If*** you were principal, or Taoiseach, or won the Lottery!

Dá: Conditional tense + ***urú***, followed by Conditional Tense.

If he came on time, I **would** make him a cup of tea =
Dá dtioc**fadh** sé in am, dhéan**fainn** cupán tae dó.

Urú: **m**b, **g**c, **n**d, **bh**f, **n**g, **b**p, **d**t, **n-**vowels.

Ceacht 3:

Scríobh amach na habairtí seo.

1) Dá (déan: tú) an obair tí, (faigh) airgead póca = ______________________

2) Dá (féach) sí ar an chlár, (feic) sí Justin Timberlake = ______________________

3) Dá (bain: mé) an Crannchur, (ceannaigh) Hummer = ______________________

4) Dá (feic) a hathair í sa teach tábhairne, (téigh) sé ar mire = ______________________

5) Dá (fág) sé an teach go luath, (fill) sé roimh am tae = ______________________

6) Dá (éist: tú) leis an mhúinteoir, (éirigh) go maith leat = ______________________

7) Dá (clois) sí an nuacht, (cuir) sé brón an domhain uirthi = ______________________

8) Dá (bí: mé) i mo Thaoiseach, (athraigh: mé) cuid mhór = ______________________

9) Dá (téigh) sé ar scoil, (feic) sé a chairde ar fad = ______________________

10) Dá (mínigh: tú) an scéal dó, (tuig) sé do chás = ______________________

Ceacht 4:

Scríobh amach as Gaeilge.

1) If I listened (éist) to my father, I wouldn't be (bí) in trouble =

____

2) If he slept (codail) well he would wake (dúisigh) early =

____

3) If you closed (dún) the door, the cat wouldn't come (tar) into the house =

____

4) If she answered (freagair) the phone, her mum would speak (labhair) to her =

____

5) If we were (bí) quiet, we wouldn't be (bí) in trouble =

____

6) If dad saw (feic) my report, he would be (bí) angry =

____

7) If I won (bain) the lottery, I would buy (ceannaigh) a new car =

____

8) If I were (bí) Principal I would break (bris) the rules=

____

9) If they cleaned (glan) the floor, the woman wouldn't slip (sleamhnaigh) on it =

____

10) If he left (fág) the town, he wouldn't return (fill) =

____

Negatives:

Whether dealing with ***Má*** or ***Dá*** the negative is ***Mura*** (or muna) **+ *urú.***

Má: If the gardaí don't investigate, they won't understand what happened =
Mura bhfiosraíonn na gardaí, ní thuigfidh siad cad a tharla.
Dá: If he didn't eat too many sweets, he wouldn't be sick =
Mura n-íosfadh sé barraíocht milseán, ní bheadh sé tinn.

Ceacht 5:

Scríobh amach as Gaeilge.

Má…

1) If she doesn't break (bris) her bad habits, she'll break (bris) her mothers' heart =

____

2) If Santa doesn't come (tar), she will be (bí) very cross =

____

3) If we don't eat (ith) dinner, we will be (bí) very hungry =

____

4) If he doesn't earn (tuill) enough money he won't buy (ceannaigh) the house =

____

5) If you don't turn off (múch) the TV, you won't do (déan) your homework =

____

Dá…

6) If he didn't lose (caill) the money, he would be (bí) rich =

___

7) If he didn't play (imir) rugby, he wouldn't break (bris) his leg =

___

8) If she didn't smoke (caith), she wouldn't be (bí) sick =

___

9) If he didn't go (téigh) to town, he wouldn't be (bí) late =

___

10) If you didn't leave (fág) early, you would miss (caill) the bus =

___

8 Urú – Eclipsis

Urú (or eclipsis) means putting a ***letter*** in front of a word in certain situations, to make it easier to say. Here they are:

- – Dá **mb**eadh an t-am agam…
- – An **gc**loisim í ag canadh?
- – An **nd**earna tú d'obair bhaile?
- – Dúirt sí go **bhf**aca sí an coinín
- – An **ng**lanann tú an chistin?
- – An **bp**ógfá í?
- – An **dt**iocfaidh tú liom chuig an gceolchoirm?
- – Da **n-i**arrfadh sé airgead ar do mháthair?

Each of the underlined letters above is an ***urú***.

Here are some circumstances where you have to use an ***urú***:

After ***i***, meaning ***in***.

Tá mé i mo chónaí **i mB**aile Átha Cliath.
Tá an carr **i ng**aráiste ar chúl an tí.

Ceacht 1a

Bain triail as na cinn seo:

- In trouble (trioblóid) = ______________________________
- In a garden (gairdín) = ______________________________
- In Waterford (Port Láirge) = _________________________
- In a country (tír) = _________________________________
- In Belfast (Béal Feirste) = ___________________________

When ***counting*** something, numbers between ***7*** and ***10*** are followed by an ***urú:***

Tá **seacht g**cat agam sa bhaile.
Tá **naoi b**peann ar an tábla.

Ceacht 1b

Bain triail as na cinn seo:

- 8 cars (carr) = ______________________
- 9 boxes (bosca) = ______________________
- 10 horses (capall) = ______________________
- 7 prizes (duais) = ______________________
- 8 fields (páirc) = ______________________

After ***an***, to form ***questions***.

An ndéanann tú obair bhaile gach oíche?
An dtógann tú an bus ar scoil?
Doesn't apply to verbs that begin with a vowel, e.g. **An** itheann tú bricfeasta ar maidin?

You may remember from our verb work that ***an*** is used to form ***questions*** in the present, future, and conditional tenses.

An is also used in the past tense for ***6 irregular*** verbs.

Ceacht 1c

Bain triail as na cinn seo:

- Do you put? (cuireann) = ______________________
- Will she return? (fillfidh) = ______________________
- Does he finish? (críochnaíonn) = ______________________
- Will they come? (tiocfaidh) = ______________________
- Do you think? (ceapann) = ______________________

After the ***genitive*** case of some plural nouns. The genitive is just a spelling change usually brought about by the word ***of***.

Leithreas na **bh**fear.
Ainmneacha na **n**daoine.

Ceacht 1d

Bain triail as na cinn seo:

- The colour of the horses (dath/capall) = ______________
- The amount of leaves (líon/duilleog) = ________________
- The work of farmers (obair/feirmeoirí) = ______________
- The parents of the girls (tuismitheoirí/cailíní) = __________
- The offices of the dentists (oifigí/fiaclóirí) = ____________

When talking about more than one person ***owning*** something.

our = ár	**ár b**pinn
your (pl.) = bhur	**bhur d**tithe
their = a	**a n-**aintín

D'oscail muid ***ár* n**geata.
D'ith siad ***a* n-**uachtar reoite.

Ceacht 1e

Bain triail as na cinn seo:

- Our shoes (bróga) = ________________________
- Their brothers (deartháireacha) = ______________
- Your (pl.) names (ainmneacha) = ______________
- Their area (ceantar) = ________________________
- Our Principal (príomhoide) = __________________

Ceacht 2:

Scríobh amach na frásaí seo a leanas.

i (pictiúrlann) = i **b**pictiúrlann.

1) i (Tír Eoghain) = ____________________
2) ár (carr) = ____________________
3) an (faigheann) tú? = ____________________
4) bhur (seomra ranga) = ____________________
5) ár (cótaí) = ____________________
6) seacht (bosca bruscair) = ____________________
7) an (ceannóidh) tú? = ____________________
8) deich (úll) = ____________________
9) i (mála scoile) = ____________________
10) ár (bróga peile) = ____________________
11) an (glanann) sé? = ____________________
12) bhur (múinteoir Gaeilge) = ____________________
13) ocht (oráiste) = ____________________
14) i (pictiúrlann) = ____________________
15) an (tabharfá)? = ____________________
16) naoi (deasc) = ____________________
17) ár (gairdín) = ____________________
18) seacht (féilire) = ____________________
19) an (fanfaidh) tú? = ____________________
20) deich (leabhar) = ____________________

Ceacht 3:

Scríobh amach as Gaeilge – Cuideoidh na focail seo leat.

tuismitheoirí ubh caisleán cathaoir Doire
béil cairde uaireadóirí Luimneach

1) In a house = ______________________
2) Nine apples = ______________________
3) Are you cold? = ______________________
4) Our box = ______________________
5) In Derry = ______________________
6) Eight years old = ______________________
7) Your (pl.) parents = ______________________
8) In Cork = ______________________
9) Ten boys = ______________________
10) Their friends = ______________________
11) In Galway = ______________________
12) Seven eggs = ______________________
13) Our schoolbags = ______________________
14) In a car = ______________________
15) Nine chairs = ______________________
16) Your (pl.) mouths = ______________________
17) In Limerick = ______________________
18) Did you go to school? = ______________________
19) Their watches = ______________________
20) In a castle = ______________________

9 An Aidiacht Shealbhach – Possession

The ***possessives*** are words that talk about someone ***owning*** something.
Singular possessives talk about ***one person*** owning something:

My	=	mo	***+h*** (séimhiú) : mo chat,
Your	=	do	do chara,
His	=	a	a sheomra
Her	=	a	a seomra

Plural possessives talk about ***more than one*** person owning something:

Our	=	ár	
Your (pl.)	=	bhur	***+urú***
Their	=	a	

Mar shampla:

My family	=	**mo th**eaghlach	
Your family	=	**do th**eaghlach	***+h***
His family	=	**a th**eaghlach	
Her family	=	**a** teaghlach	(no change)
Our family	=	**ár d**teaghlach	
Your (pl.) family	=	**bhur d**teaghlach	***+urú***
Their family	=	**a d**teaghlach	

Urú: **m**b, **g**c, **n**d, **bh**f, **n**g, **b**p, **d**t, **n-**vowels.

So this is the pattern you need to learn off by heart:

Béarla:	***Gaeilge:***	***Effect:***
My	mo	+h
Your	do	+h
His	a	+h
Her	a	no change
Our	ár	+urú
Your (pl.)	bhur	+urú
Their	a	+urú

Ceacht 1:

Scríobh amach na liostaí seo.

Bád –	***Teach –***	***Gairdín –***
Mo ______________	Mo ______________	Mo ______________
Do ______________	Do ______________	Do ______________
A (his)____________	A (his)____________	A (his) ____________
A (her) __________	A (her) __________	A (her) __________
Ár ______________	Ár ______________	Ár ______________
Bhur ____________	Bhur ____________	Bhur ____________
A (their) _________	A (their) _________	A (their) _________
Príomhoide –	***Dinnéar –***	***Ceantar –***
Mo ______________	Mo ______________	Mo ______________
Do ______________	Do ______________	Do ______________
A (his)____________	A (his)____________	A (his) ____________
A (her) __________	A (her) __________	A (her) __________
Ár ______________	Ár ______________	Ár ______________
Bhur ____________	Bhur ____________	Bhur ____________
A (their) ________	A (their) _________	A (their) _________

As you can see, 'a' can mean ***his***, ***her***, or ***their*** but the 'h' or urú in the next word tells you which. Can you tell what each of these phrases means?

1) A s**h**eomra
2) A **g**cat
3) A geansaí
4) A d**h**innéar
5) A fón póca
6) A p**h**óca
7) A **n**doras
8) A peannchara
9) A **m**buataisí
10) A s**h**úile

When two vowels come together, however, as in mo aintín, we drop the vowel in the first word, as follows:

m'aintín **d'**aintín **a** aintín	
a haintín	Words that begin with a vowel never take a ***h.***
ár n-aintín **bhur n-**aintín **a n-**aintín	+ urú (***n-***)

Ceacht 2:

Scríobh amach na liostaí seo.

Athair –	***Úlla –***	***Obair –***
M' ______	M' ______	M' ______
D' ______	D' ______	D' ______
A (his) ______	A (his) ______	A (his) ______
A (her) ______	A (her) ______	A (her) ______
Ár ______	Ár ______	Ár ______
Bhur ______	Bhur ______	Bhur ______
A (their) ______	A (their) ______	A (their) ______

Áthas –	***Ainm –***	***Airgead –***
M' ______	M' ______	M' ______
D' ______	D' ______	D' ______
A (his) ______	A (his) ______	A (his) ______
A (her) ______	A (her) ______	A (her) ______
Ár ______	Ár ______	Ár ______
Bhur ______	Bhur ______	Bhur ______
A (their) ______	A (their) ______	A (their) ______

Ceacht 3:

Scríobh amach na frásaí seo a leanas.

do (cathaoir) = **do ch**athaoir

1) mo (carr) = ______________________
2) a (his) (múinteoir) = ______________________
3) ár (oidhreacht) = ______________________
4) a (their) (béile) = ______________________
5) do (peann) = ______________________
6) a (her) (bronntanas) = ______________________
7) bhur (airgead) = ______________________
8) a (his) (deartháir) = ______________________
9) do (cara) = ______________________
10) a (their) (iníon) = ______________________
11) mo (tír) = ______________________
12) a (her) (uachtar reoite) = ______________________
13) ár (pobalscoil) = ______________________
14) do (deirfiúr) = ______________________
15) bhur (teanga) = ______________________
16) mo (obair bhaile) = ______________________
17) a (her) (aghaidh) = ______________________
18) ár (timpeallacht) = ______________________
19) a (his) (ainm) = ______________________
20) do (croí) = ______________________

Ceacht 4:

Scríobh amach as Gaeilge.

Remember, not all letters take an 'urú'. In the case of letters which don't take an 'urú', you won't have to make any change.

1) His car = ____________________
2) My family = ____________________
3) Their daughter = ____________________
4) Your pen = ____________________
5) Her brother = ____________________
6) Our schoolbags = ____________________
7) Your (pl.) shoes = ____________________
8) His sister = ____________________
9) My uncle = ____________________
10) Their apples = ____________________
11) Your homework = ____________________
12) Her jumper = ____________________
13) Our school = ____________________
14) Your (pl.) house = ____________________
15) His teacher = ____________________
16) Her father = ____________________
17) Their aunt = ____________________
18) His room = ____________________
19) Her face = ____________________
20) His ice-cream = ____________________

10 An Chopail – Is or Tá?

When a sentence in English has …***is***… in it, most of the time it will start ***Tá***… in Irish. Not always though. Sometimes it will start ***Is***… There is a reason for this:

Have a look at these 5 phrases –

Tá sé ***fuar***
Tá mé ***sásta***
Tá Úna ***crosta***
Tá Seán ***cairdiúil***
Tá an múinteoir ***cliste***

The last words in each of these phrases have something in common – they're all ***adjectives*** (words which describe).

Now have a look at these 5 phrases –

Is ***garda*** í
Is ***Meiriceánach*** í
Is ***bungaló*** é
Is ***pobalscoil*** í
Is ***liathróid*** é

The middle words in each of these phrases also have something in common – they're all ***nouns*** (a person, place or thing).

Ceacht 1 – Adjectives (Tá):

Scríobh amach as Gaeilge. Cuideoidh na focail seo leat:

cineálta   déanach   glic
go hiontach   dathúil   dubh dóite

1) I am tall = ______________________________
2) He is great = ___________________________
3) We are clever = _________________________
4) They are late = _________________________

5) Dónall is good-looking = ____________________

6) You are sly = ____________________

7) She is small = ____________________

8) Nóirín is kind = ____________________

9) You (pl.) are friendly = ____________________

10) I am fed up = ____________________

Is...

So let's take a look at some phrases where you can't use ***Tá***.

Is... is most commonly used with careers and nationalities.

Note: It's very easy to make this kind of statement ***negative***. Instead of starting the phrase with ***Is...*** just start it with ***Ní...***

She's ***not*** a journalist = ***Ní*** iriseoir í.
He's ***not*** an Irishman = ***Ní*** Éireannach é.

Let's practise some ***positive*** phrases first.

Ceacht 2a – Nouns (careers):

Scríobh amach as Gaeilge. Cuideoidh na focail seo leat.

rúnaí aisteoir freastalaí meicneoir siopadóir

1) She is a teacher = ____________________

2) He is a nurse = ____________________

3) She is a dentist = ____________________

4) He is a waiter = ____________________

5) Liam is a farmer = ____________________

6) Síle is an actress = ____________________

7) She is a shopkeeper = ______________________

8) She is a secretary = ________________________

9) My mum is a doctor = ______________________

10) My dad is a mechanic = ____________________

Ceacht 2b – Nouns (nationalities):

Scríobh amach as Gaeilge.

1) I am an Irishwoman (Éireannach) = __________

2) She is an American (Meiriceánach) = __________

3) Pierre is a Frenchman (Francach) = __________

4) He is an Englishman (Sasanach) = ____________

5) Lucia is an Italian (Iodálach) = ________________

6) He is a Scotsman (Albanach) = ______________

7) Miguel is a Spaniard (Spáinneach) = __________

8) Todd is an American (Meiriceánach) = ________

9) We are Italians (Iodálaigh) = ________________

10) My cousins are Spaniards (Spáinnigh) = ________

Ceacht 2c – Other nouns:

Scríobh amach as Gaeilge. Cuideoidh na focail seo leat:

óinseach   andúileach   meánscoil
teach scoite   duine deas   leabharlann

1) It's a secondary school = ____________________

2) She is an auntie = _______________________

3) He is a friend = _________________________

4) It's a library = ______________________________

5) She is a tall girl = ____________________________

6) It's a big house = ____________________________

7) He's a nice person = ________________________

8) It's a blue car = ____________________________

9) She's an addict = ____________________________

10) It's a detached house = ______________________

Note: You often use ***Is...*** to say what something is, which means saying that one ***noun*** is another ***noun,*** as in 'Nicole is a friend'. In this case, the phrase goes back to front:

Nicole is a ***friend*** = Is ***cara í Nicole.***
(we use 'í' because Nicole is a girl).
The dentist is a Pole = Is Polannach é an fiaclóir.

Ceacht 3 – Nouns and adjectives:

Scríobh amach na habairtí seo agus bain úsáid as 'tá' nó 'is'

1) Seán/cairdiúil = ____________________________

2) Úna/crosta = ______________________________

3) Niamh/múinteoir = __________________________

4) Daidí/cliste = ______________________________

5) Mise/te = __________________________________

6) Mamaí/Éireannach = ________________________

7) Síle/ard = _________________________________

8) Séamas/peileadóir = ________________________

9) Liam/amadán = ____________________________

10) Máire/dathúil = ______________________________

11) Tusa/rúnaí = ______________________________

12) Dónall/beag = ______________________________

13) Áine/Sasanach = ______________________________

14) Seosamh/uncail = ______________________________

15) M'aintín/cineálta = ______________________________

16) Mo mhúinteoir/go hiontach = ____________________

17) Pól/fiaclóir = ______________________________

18) Teach/bungaló = ______________________________

19) Scoil/pobalscoil = ______________________________

20) Siobhán/cainteach = ___________________________

11 Na hUimhreacha – The Numbers

Unlike in English, there are **3** main sets of numbers in Irish.

1) A set of numbers for the ***time***.

2) A set of numbers for counting ***people***.

3) A set of numbers for counting ***things***.

An tAm:	***Daoine:***	***Rudaí:***
1 = a haon a chlog	duine amháin	___ amháin
2 = a dó a chlog	beirt	dhá ___
3 = a trí a chlog	triúr	trí ___
4 = a ceathair	ceathrar	ceithre ___
5 = a cúig	cúigear	cúig ___
6 = a sé	seisear	sé ___
7 = a seacht	seachtar	seacht ___
8 = a hocht	ochtar	ocht ___
9 = a naoi	naonúr	naoi ___
10 = a deich	deichniúr	deich ___
11 = a haon déag	aon duine déag	aon ___ déag
12 = a dó dhéag	dáréag	dhá ___ déag

An tAm:	Tá sé ***a ceathair*** a chlog.
Daoine:	Beidh ***ceathrar*** in aon seomra amháin.
Rudaí:	Tá ***ceithre*** pheann i mo mhála scoile.

1) An tAm – The Time

Some people prefer to say 'chun' here, instead of 'go dtí': cúig chun a trí, deich chun a dó, srl. You will also see 'i ndiaidh' instead of 'tar éis'.

Ceacht 1

Tá sé deich tar éis a hocht = 8.10

1) Tá sé ceathrú tar éis ***a deich*** = ______________
2) Tá sé fiche go dtí ***a dó*** = ______________
3) Tá sé leathuair tar éis ***a ceathair*** = ______________
4) Tá sé fiche a cúig go dtí ***a haon*** = ______________
5) Tá sé cúig go dtí ***a cúig*** = ______________
6) Tá sé deich tar éis ***a haon déag*** = ______________
7) Tá sé ceathrú go dtí ***a trí*** = ______________
8) Tá sé deich go dtí ***a dó dhéag*** = ______________
9) Tá sé fiche tar éis ***a sé*** = ______________
10) Tá sé leathuair tar éis ***a naoi*** = ______________

Ceacht 2

10.00 = Tá sé a deich a chlog

1) 5.00 = ______________________________

2) 3.15 = ______________________________

3) 7.45 = ______________________________

4) 11.00 = ______________________________

5) 12.20 = ______________________________

6) 1.10 = ______________________________

7) 4.35 = ______________________________

8) 2.50 = ______________________________

9) 5.05 = ______________________________

10) 9.40 = ______________________________

2) Ag Comhaireamh Daoine – Counting People

Samplaí –

☺ ☺ ☺ = triúr

☺ ☺ ☺ ☺ ☺ ☺ ☺ = seachtar

Tá ___ i mo theaghlach. = There are ___ in my family.
Tá ___ deartháireacha/deirfiúracha agam. = I have ___ brothers/sisters.
Níl aon deartháir/deirfiúr agam = I've no brothers/sisters
Is páiste ***aonair*** mé = I'm an ***only*** child
Duine amháin = one ***person***
Deartháir amháin = one ***brother***
Deirfiúr amháin = one ***sister***

Ceacht 3:

Scríobh amach as Gaeilge:

1) I have 3 brothers and 2 sisters = ______________
2) There are 5 in my family = ______________
3) There are 12 people in my class = ______________
4) There are 8 in my family = ______________
5) I have 2 brothers and 4 sisters = ______________
6) There are 6 people in the room = ______________
7) I have 1 brother and 1 sister = ______________
8) There are 4 in my family = ______________
9) There are 10 people in the club = ______________
10) I have 3 brothers and 1 sister = ______________

3) Ag Comhaireamh Rudaí – Counting Things

Samplaí –

1 = peann **amháin**	bosca **amháin**
2 = **dhá** p**h**eann	**dhá** b**h**osca
3 = **trí** p**h**eann	**trí** b**h**osca
4 = **ceithre** p**h**eann	**ceithre** b**h**osca
5 = **cúig** p**h**eann	**cúig** b**h**osca
6 = **sé** p**h**eann	**sé** b**h**osca
7 = **seacht b**peann	**seacht m**bosca
8 = **ocht b**peann	**ocht m**bosca
9 = **naoi b**peann	**naoi m**bosca
10 = **deich b**peann	**deich m**bosca

Can you see a pattern? Depending on the number, we have to add a letter to the thing being counted: a 'h' or an 'urú'.

2 – 6… + ***h***
7 – 10… + ***urú***

Urú: **m**b, **g**c, **n**d, **bh**f, **n**g, **b**p, **d**t, **n**-vowels.

Ceacht 4:

Scríobh amach na liostaí thíos:

Carr:	***Tábla:***
1 = ________________ amháin	1 = ________________
2 = dhá ________________	2 = ________________
3 = trí ________________	3 = ________________
4 = ceithre ________________	4 = ________________
5 = cúig ________________	5 = ________________
6 = sé ________________	6 = ________________
7 = seacht ________________	7 = ________________
8 = ocht ________________	8 = ________________
9 = naoi ________________	9 = ________________
10 = deich ________________	10 = ________________

The above applies to numbers between ***1*** and ***10***. When you go into ***double digits*** (11+), you count back to front.

Samplaí –

11 = **aon** p**h**eann déag	21 = **aon** b**h**osca is fiche
12 = **dhá** p**h**eann déag	22 = **dhá** b**h**osca is fiche
13 = **trí** p**h**eann déag	23 = **trí** b**h**osca is fiche
14 = **ceithre** p**h**eann déag	24 = **ceithre** b**h**osca is fiche
15 = **cúig** p**h**eann déag	25 = **cúig** b**h**osca is fiche
16 = **sé** p**h**eann déag	26 = **sé** b**h**osca is fiche
17 = **seacht b**peann déag	27 = **seacht m**bosca is fiche
18 = **ocht b**peann déag	28 = **ocht m**bosca is fiche
19 = **naoi b**peann déag	29 = **naoi m**bosca is fiche
20 = **fiche** peann	30 = **tríocha** bosca

As you can see, the ***1-10*** pattern still applies. This is because

28 boxes in Irish is really "***8 boxes*** and 20" (back to front).
You treat the ***8 boxes*** part just as if it were 8 boxes only.
Here, ***is*** is short for ***agus*** (sé bhosca agus fiche).

Have a look at some other examples:

- 34 cars (4 cars + 30) = **ceithre ch**arr is tríocha.
- 49 houses (9 houses + 40) = **naoi d**teach is daichead.
- 52 desks (2 desks + 50) = **dhá dh**easc is caoga.

Reminder *– Multiples of 10:*

10 = deich	60 = seasca
20 = fiche	70 = seachtó
30 = tríocha	80 = ochtó
40 = daichead	90 = nócha
50 = caoga	100 = céad

Ceacht 5:

Scríobh amach na liostaí thíos –

Freagra:		***Pictiúr:***	
11 = _____	f**h**reagra ________	21 = ______	p**h**ictiúr ______
12 = _____	f**h**reagra ________	22 = ______	p**h**ictiúr ______
13 = _____	f**h**reagra ________	23 = ______	p**h**ictiúr ______
14 = _____	f**h**reagra ________	24 = ______	p**h**ictiúr ______
15 = _____	f**h**reagra ________	25 = ______	p**h**ictiúr ______
16 = _____	f**h**reagra ________	26 = ______	p**h**ictiúr ______
17 = _____	**bh**freagra ______	27 = ______	**b**pictiúr ______
18 = _____	**bh**freagra ______	28 = ______	**b**pictiúr ______
19 = _____	**bh**freagra ______	29 = ______	**b**pictiúr ______
20 = _____	freagra ________	30 = ______	pictiúr

Ceacht 6:

Scríobh amach na frásaí seo:

26 x cóta = ***sé*** c**h**óta is fiche.

1) 13 x seomra = ______________________________
2) 27 x cat = ______________________________
3) 44 x mála = ______________________________
4) 68 x oifig = ______________________________
5) 31 x bó = ______________________________
6) 59 x caora = ______________________________
7) 99 x balún = ______________________________
8) 73 x fuinneog = ______________________________
9) 85 x siopa = ______________________________
10) 18 x bliaina = ______________________________

Praghsanna:

The most common thing we count is money, so let's take a look at counting the ***euro***. **E**uro begins with a ***vowel***, so we can never add a ***h***, and it is an international word, so we don't add an 'urú'.

1–10:
€1 = euro amháin
€2 = dhá euro
€3 = trí euro
€4 = ceithre euro
€5 = cúig euro
€6 = sé euro
€7 = seacht euro
€8 = ocht euro
€9 = naoi euro
€10 = deich euro

11–20:
€11 = aon euro déag
€12 = dhá euro déag
€13 = trí euro déag
€14 = ceithre euro déag
€15 = cúig euro déag
€16 = sé euro déag
€17 = seacht euro déag
€18 = ocht euro déag
€19 = naoi euro déag
€20 = fiche euro

21–30:
€22 = dhá euro is fiche
€27 = seacht euro is fiche

31–40:
€34 = ceithre euro is tríocha
€39 = naoi euro is tríocha ***srl.***

Ceacht 7:

Scríobh amach as Gaeilge –

1) €25 = ______________________________
2) €48 = ______________________________
3) €61 = ______________________________
4) €84 = ______________________________
5) €32 = ______________________________
6) €59 = ______________________________
7) €73 = ______________________________

8) €96 = ______________________________

9) €42 = ______________________________

10) €99 = ______________________________

If giving a ***mixture*** of euros and cents, write the amount in two parts, straight across. You don't need the word 'cent':

€99.99 = nócha a naoi euro, nócha a naoi.
€59.75 = caoga a naoi euro, seachtó a cúig.
€125.54 = céad fiche a cúig euro, caoga a ceathair.

Ceacht 8:

Scríobh amach as Gaeilge –

1) €29.95 = ______________________________

2) €47.55 = ______________________________

3) €68.49 = ______________________________

4) €83.99 = ______________________________

5) €34.50 = ______________________________

6) €59.75 = ______________________________

7) €79.25 = ______________________________

8) €92.90 = ______________________________

9) €155.99 = ______________________________

10) €299.75 = ______________________________

Ceacht 9:

Let's put everything together… Aistrigh na frásaí seo:

1) Ceithre ***gharáiste*** = ______________________

2) Dhá ***euro*** déag = ______________________

3) Trí ***bhosca*** is tríocha = ______________________

4) Seacht ***gcarr*** is caoga = ______________________

5) Cúig ***euro*** is seachtó = ______________________

6) Naoi ***bpeann*** déag = ______________________

7) Seachtó a ceathair ***euro***, seasca a cúig = __________

8) Ocht ***mbliana*** = ______________________

9) Sé ***chóta*** is fiche = ______________________

10) Dhá chéad ***euro***, nócha a naoi = ______________

12 Inscne/Uimhir – Agreement

Every ***noun*** (person/place/thing) in Irish has a gender; it is either ***masculine*** or ***feminine***. All Irish dictionaries will give you the gender (m. or f.) next to the noun. You can learn to recognise a masculine or feminine noun in most cases by learning a few rules about the ***end*** of the noun:

Masculine: *Words that end in:*
-án (milseán)
-ín (sicín)
-ir (feirmeoir)
-acht 1 syllable (ceacht)
with a vowel (siopa)
with a broad consonant (roth)

Feminine: *Words that end in:*
-íocht (tíreolaíocht)
-lann (pictiúrlann)
-acht 1+ syllables (Gaeltacht)
-og (fuinneog)
with a slender consonant (scoil)

Note: It's the last vowel in a word that tells you its gender. There can be slender or broad vowels before the last vowel.

Nouns ending in ***broad consonants***: Cn**o**c, leabh**a**r, fe**a**r.
Nouns ending in ***slender consonants:*** Feo**i**l, pá**i**rc, lit**i**r.

1) Many times when we use a noun, we put the word ***'an'*** (the) before it (an teach, an cat, an lá). Following 'an', masculine nouns don't change, but feminine nouns take a 'h' (an f**h**uinneog, an p**h**áirc).

2) If you put the word ***'an'*** before a ***feminine*** noun that begins with **s**, you must put a 't' before the 's' (an **t**sráid, an **t**seachtain).

3) If you put the word 'an' before a masculine noun that begins with a ***vowel***, you must a **t**- before the noun (an **t-**ospidéal, an **t-**úll).

Note:
Most ***countries*** and ***languages*** are ***feminine*** (An F**h**rainc, an G**h**aeilge).
Most ***careers*** are ***masculine*** (an búistéir, an **t-**aisteoir).

Adjectives

Adjectives (describing words) used with a noun (lá breá, fuinneog mhór) have to ***agree*** with the noun they are describing. That means we treat the adjective as if it were masculine or feminine too. If we use an adjective with a ***feminine*** noun, we insert a 'h' in the adjective too:
an f**h**uinneog m**h**ór, an c**h**athaoir b**h**eag.
If you're learning French, you may have noticed this rule in French also.

Ceacht 1:

Decide if the following nouns are *masculine* or *feminine*. Rewrite each noun with the article *an* (the) in front –

An G**h**aeilge (f), An mála (m).

Gaeilge	Béarla	fearg
síocháin	clann	áthas
uaigneas	loch	liathróid
baile	peileadóir	pointe
sagart	rinceoir	obair
osna	litríocht	rang
ríomhaire	leabhar	milleán
sliabh	múinteoir	fuacht
abairt	bainis	cumhacht
scéal	coinín	cearnóg

Ceacht 2:

Now do the same, but with the *adjectives* provided:

carr/gorm = An carr gorm
bróg/donn = An b**h**róg d**h**onn

1) balla/fada = ______________________________

2) hata/mór = ______________________________

3) mála/dubh = ______________________________

4) gruaig/fionn = ______________________

5) fear/cliste = ______________________

6) seomra/beag = ______________________

7) máthair/cineálta = ______________________

8) múinteoir/cliste = ______________________

9) dochtúir/cneasta = ______________________

10) trácht/trom = ______________________

11) focal/garbh = ______________________

12) ócáid/tábhachtach = ______________________

13) scéal/suimiúil = ______________________

14) paidir/deas = ______________________

15) guth/ciúin = ______________________

16) gunna/dainséarach = ______________________

17) moill/millteanach = ______________________

18) cuisneoir/bán = ______________________

19) rang/múinte = ______________________

20) tolg/dearg = ______________________

Plural nouns

Agreement is necessary with ***plural nouns*** as well.

If the noun is in the plural (bailte, madraí), we need a plural adjective too. Here, we look at the ending of the ***adjective***. If it ends with a ***broad consonant*** (gorm, mór, glan), we simply add an 'a' (súile gorma, bailte móra, lámha glana).

Adjectives ending in a ***slender consonant*** are handled differently:

Many adjectives end with the slender consonant '***úil***' (suimiúil, cáiliúil). For plural nouns, we drop the ***slender last vowel*** to leave a ***broad consonant*** (suimiúl, cáiliúl). Then we can simply add an '***a***':

scéal/suimiú**il** = scéalta suimi**úla**
siopa/áitiú**il** = siopaí áiti**úla**

For adjectives ending with other ***slender*** vowels, add **e** for the plural (toradh/mai**th** = torthaí maith**e**, focal/séi**mh** = focail séimh**e**).
The plural adjective takes a 'h' as in 'shéimhe' if the plural noun (focail) ends in a slender vowel.

Ceacht 3:

Write out the following *plural* descriptions:

daoine/cairdiúil = daoine cairdi**úla**

1) bóithre/cúng = ______________________
2) páistí/ciúin = ______________________
3) leabhair/suimiúil = ______________________
4) oícheanta/maith ______________________
5) pinn/dearg = ______________________
6) filí/cumasach = ______________________
7) ainmhithe/bagrach = ______________________
8) dioscónna/áitiúil = ______________________
9) déagóirí/glic = ______________________
10) cúrsaí/tábhachtach = ______________________

Ceacht 4:

Scríobh amach as Gaeilge:

cearnóg/deas = **An ch**earnóg d**h**eas

scoileanna/millteanach = **Na** scoileanna millteanach**a**

1) spéir/gorm = ______________________________

2) léinte/bán = ______________________________

3) litreacha/fadálach = ______________________________

4) tithe/mór = ______________________________

5) cathair/gnóthach = ______________________________

6) páirceanna/glas = ______________________________

7) bean/cineálta = ______________________________

8) radhairc/deas = ______________________________

9) bábóga/beag = ______________________________

10) áis/tábhachtach = ______________________________

11) málaí/trom = ______________________________

12) amharclanna/suntasach = ______________________________

13) grian/geal = ______________________________

14) athair/freagrach = ______________________________

15) feoil/blasta = ______________________________

16) ceisteanna/suimiúil = ______________________________

17) fuinneog/glan = ______________________________

18) aislingí/polaitiúil = ______________________________

19) carranna/glas = ______________________________

20) páiste/béasach = ______________________________

13 An Tuiseal Ginideach – The Genitive Case

An Tuiseal Ginideach is a ***spelling change*** we make to nouns in the following situations. It's useful to be aware of this spelling change, at least for singular nouns, as it comes up a lot.

1) Phrases using ***of***: (There is no word for 'of' in Irish).

teach	>	cúl an **tí** (back of the house)
seachtain	>	laethanta **na** seachtain**e** (days of the week)
bóthair	>	barr an b**h**óthai**r** (top of the road)
príomhoide	>	príomhoide **na** scoil**e** (principal of the school)

2) Phrases using ***'s*** (belonging to someone):

Seán's pen	>	peann S**h**eá**i**n (pen of Seán)
Ciara's house	>	teach C**h**iara (house of Ciara)

3) After ***quantities***, i.e. more, less, enough: a lot ***of*** money, a bottle ***of*** milk. Here are some examples:

airgead	>	níos mó airg**id**
am	>	go leor am**a**
líomanáid	>	buidéal líomanáid**e**
punt	>	punt im**e**

níos lú ama	**an iomarca** oibre
a lán cairde	**tuilleadh** airgid
roinnt leabhar	**beagáinín** aráin
mórán daoine	**dóthain** bia
cuid gruaige	**oiread** daoine

4) After the verbal noun ***ag…*** (-ing):

peil	>	**ag** imirt peil**e**
leabhar	>	**ag** léamh leabha**i**r
ceol	>	**ag** seinm ceo**i**l
sráid	>	**ag** scuabadh ***na*** sráid**e**

5) Where ***two nouns*** come together as ***one***:

clár	+	teilifís	=	clár teilifís**e**
siopa	+	ceol	=	siopa ceo**i**l
seomra	+	leaba	=	seomra lea**p**a
mála	+	scoil	=	mála scoil**e**

6) After all 'double prepositions' and a few single ones:

i gcoinne	i ndiaidh	i gceann
ar feadh	i gcomhair	fá choinne
ar fud	le haghaidh	cois
ar son	i measc	timpeall
de réir	in aice	trasna
le linn	de bharr	chun

Ag imirt peile **i gcoinne** an b**h**alla
Ag taisteal le grúpa cairde **timpeall** an domha**i**n
Laethanta saoire **ar feadh** seachtaine
Ag scuabadh a cuid gruaige **os comhair** an scátháin

As you can see, the type of ***spelling change*** varies. But there is a pattern to it: Nouns are divided into ***5 declensions*** (groups), and the nouns in each declension are somewhat similar. Let's have a look at each group:

1st Declension:

All nouns in this group are ***masculine***, and they end with a ***broad consonant*** (cat, urlár, solas). This means the second last letter is a broad vowel. To put a noun in the Tuiseal Ginideach:

- add a ***h*** where possible (barr an pháipéir)
- make the last consonant ***slender***, by adding an ***i*** (cos an bhoird)
- add a **t** in front of nouns beginning with **s** (bun an tsimléara)

cat	>	eireaball an c**hai**t
earrach	>	tús an earra**igh**
fear	>	hata an f**hi**r

Ceacht 1:

Write out these phrases, following the pattern above. Some phrases don't require 'an'.

blas (an) milseán = blas ***an*** m**h**ilseá**i**n

1) ainm + (an) bád = ______________________
2) bun + (an) leathanach = ______________________
3) os comhair + (an) séipéal = ______________________
4) ag múchadh + (an) solas = ______________________
5) oifig + rialtas = ______________________
6) brú + (an) saol = ______________________
7) hata + (an) oifigeach = ______________________
8) easpa + airgead = ______________________
9) áthas + (an) domhan ______________________
10) cuma + (an) bás = ______________________

2nd Declension:

All nouns in this group are ***feminine*** (except ***teach***, ***sliabh***, and ***im***). This group includes many ***countries*** and ***languages***.

It also features nouns that end in ***lann***. To put a noun in the Tuiseal Ginideach:

- change the ending to **e** or *í*; where 'an' occurs, change it to 'na'.

Fraincis	>	**ag foghlaim** Fraincis**e**
báisteach	>	**ag cur** báist*í*
pictiúrlann	>	doras **na** pictiúrla**inne**

Ceacht 2:

Write out these phrases, following the pattern above. Some phrases don't require 'an'.

Ag imirt + leadóg = ag imirt leadó**ige**

1) fuinneog + (an) bialann = ____________________
2) leathphunt + im = __________________________
3) muintir + (an) Iodáil = ______________________
4) bean + (an) teach = ________________________
5) ag labhairt + Spáinnis = ______________________
6) doras + (an) leabharlann = ____________________
7) daltaí + scoil = ____________________________
8) uachtarán + (an) Fhrainc = ____________________
9) in aghaidh + (an) gaoth = ____________________
10) cósta + (an) tír = ____________________________

3rd Declension:

Nouns here can be masculine ***or*** feminine, and can be modeled on either ***dochtúir*** or ***Gaeltacht***. To put a noun in the Tuiseal Ginideach:

- change the article ***an*** to ***na*** for feminine nouns only.
- add a ***h*** where possible for masculine nouns. Nouns should end in ***a***.

dochtúir	>	oifig an docht**úra**
Gaeltacht	>	Údarás **na** Gaeltacht**a**
feirmeoir	>	obair an f**h**eirme**ora**

Ceacht 3:

Write out these phrases, using 'an' or not as directed. Some phrases don't require 'an'.

Druilire + fiaclóir = druilire an f**h**iacl**óra**

1) Ag déanamh + iarracht = ____________________
2) Soilse + trácht = ____________________
3) Deasc + (an) múinteoir ____________________
4) An seomra + ríomhaireacht = ____________________
5) Dualgais + (an) bainisteoir = ____________________
6) An iomarca + cumhacht = ____________________
7) Ag déanamh + eacnamaíocht = ____________________
8) Rúnaí + (an) dlíodóir = ____________________
9) An tsaotharlann + eolaíocht = ____________________
10) Ag imirt + iománaíocht = ____________________

4th Declension:

Most nouns in this group are ***masculine***. There is ***no*** spelling change to the ***end*** of the noun. To put a noun in the Tuiseal Gimideach:

- change article ***an*** to ***na*** for feminine nouns.
- add a ***h*** where possible for masculine nouns.

bus	>	stad an b**h**us
trá	>	áilleacht **na** trá
cailín	>	athair an c**h**ailín

Ceacht 4:

Write out these phrases, following the pattern above. Some phrases don't require 'an'.

Ag foghlaim + (an) Gaeilge = ag foghlaim na Gaeilge

1) muintir + Sasana = ____________________
2) oscailt + (an) féile = ____________________
3) rialtas + Meiriceá = ____________________
4) hata + (an) Garda = ____________________
5) in aice + (an) farraige = ____________________
6) ainm + (an) madra = ____________________
7) uachtarán + (an) coláiste = ____________________
8) dath + (an) gúna = ____________________
9) lár + (an) oíche = ____________________
10) ag iompar + (an) bosca = ____________________

5th Declension:

Most nouns in this group are ***feminine***. All nouns end in either a ***vowel*** or a ***slender consonant***. To put a noun in the Tuiseal Ginideach:

- change article ***an*** to ***na*** for feminine nouns.
- add a ***h*** where possible for masculine nouns.
- nouns should end in a ***broad consonant***.

Éire	>	rialtas **na hÉireann**
Nollaig	>	mí **na** Noll**ag**
cathair	>	imeall **na** cath**rach**

Ceacht 5:

Write out these phrases, following the pattern above. Some phrases don't require 'an'.

ainm + (an) athair = ainm an ath**ar**

1) bruach + (an) abhainn = ________________
2) seomra + (an) deartháir = ________________
3) muintir + (an) Albain = ________________
4) Aer + Árainn = ________________
5) Ag tabhairt + cabhair = ________________
6) Clúdach + litir = ________________
7) Grá + (an) máthair = ________________
8) Ag tiomáint + (an) traein = ________________
9) Scoil + (an) mainistir = ________________
10) Limistéir + (an) teorainn = ________________

14 An Réamhfhocal "Ar" – Feelings

In Irish, we usually use ***ar*** to say how we feel.

Tá eagla **ar** G**h**ráinne.
Tá fearg **ar** an **b**Príomhoide.

This includes ***physical*** feelings as well as ***emotional*** feelings.

Tá tinneas cinn **ar** D**h**ónall.
Tá ocras **ar** an c**h**ailín/Tá ocras **ar** an **g**cailín.

Let's have a look at some common feelings –

Gaeilge:	***Béarla:***
áthas	happiness
brón	sadness
eagla	fear
imní	worry
iontas	amazement
fearg	anger
tuirse	tiredness
codladh	sleepiness
náire	shame/embarrassment
ocras	hunger
tart	thirst
tinneas cinn	headache
tinneas fiacaile	toothache
tinneas goile	stomach ache
tinneas droma	backache
slaghdán	cold
an fliú	flu

Ceacht 1:

Scríobh amach na habairtí seo a leanas:

Síle/tart = Tá tart ***ar*** Sh**í**le.

1) Lorcán/slaghdán = ______________________

2) An Príomhoide/imní = ______________________

3) Muireann/náire = ______________________

4) An altra/tuirse = ______________________

5) Laoise/tinneas cinn = ______________________

6) An mháthair/fearg = ______________________

7) An buachaill/eagla = ______________________

8) Clíona/tinneas goile = ______________________

9) Proinsias/codladh = ______________________

10) An fear/tinneas droma = ______________________

But we don't always ***name*** the person we're talking about. Sometimes we use ***pronouns*** (I, you, he, she, etc.) instead.

This is how we combine ***ar*** with the ***pronouns:***

Ar	+	mé	=	orm
Ar	+	tú	=	ort
Ar	+	sé	=	air
Ar	+	sí	=	uirthi
Ar	+	muid	=	orainn
Ar	+	sibh	=	oraibh
Ar	+	siad	=	orthu

Mar shampla –

Áthas:	***Brón:***
Tá áthas ***orm***	Tá brón ***orm***
Tá áthas **ort**	Tá brón **ort**
Tá áthas ***air***	Tá brón ***air***
Tá áthas ***uirthi***	Tá brón ***uirthi***
Tá áthas ***orainn***	Tá brón ***orainn***
Tá áthas ***oraibh***	Tá brón ***oraibh***
Tá áthas **orthu**	Tá brón **orthu**

Ceacht 2:

Cuir Gaeilge ar na habairtí seo a leanas:

1) I'm sorry = ______________________________
2) He's tired = ______________________________
3) We're worried = __________________________
4) They're scared = __________________________
5) You have the flu = ________________________
6) She's happy = ____________________________
7) You (pl.) have colds = _____________________
8) I'm thirsty = _____________________________
9) He's angry = _____________________________
10) She's embarrassed = ______________________

These are in the ***present tense.*** Of course, sometimes we need to say someone ***felt*** a certain way (past), or that someone ***will feel*** a certain way (future):

Inné...	***Bhí*** fearg air	***Bhí*** imní uirthi
Inniu...	***Tá*** fearg air	***Tá*** imní uirthi
Amárach...	***Beidh*** fearg air	***Beidh*** imní uirthi

Ceacht 3:

Cuir Gaeilge ar na habairtí seo a leanas:

1) You were scared = ________________________
2) She will be angry = ________________________
3) You (pl.) are tired = ________________________
4) I was amazed = ________________________
5) He was sleepy = ________________________
6) We will be happy = ________________________
7) They are embarrassed = ________________________
8) You will be sorry = ________________________
9) She was hungry = ________________________
10) I am worried = ________________________

As before, the negative is 'ní' or 'níl':

Inné...	***Ní raibh*** fearg air	***Ní raibh*** imní uirthi
Inniu...	***Níl*** fearg air	***Níl*** imní uirthi
Amárach...	***Ní bheidh*** fearg air	***Ní bheidh*** imní uirthi

If you want to say someone feels **extremely** happy/sad/angry, you can say Bhí/Tá/Beidh ___ ***an domhain*** orm/ort/air/uirthi.

Inné, ***bhí*** tuirse ***an domhain*** orm.
Inniu, ***tá*** ocras ***an domhain*** orm.
Amárach, ***beidh*** fearg ***an domhain*** orm.

'Ar' can also be used in other useful phrases.
Watch out for this one: To ***have to***…

Inné, bhí ***orm*** fanacht tar éis na scoile (I had to…).
Inniu, tá ***air*** a sheomra a ghlanadh (he has to…).
Amárach, beidh ***uirthi*** dul abhaile (she will have to…).

Ceacht 4:

They had to (litir a scríobh) = Bhí orthu litir a scríobh.

1) I have to (dul ar Aifreann) = ____________
2) He had to (bheith ciúin) = ____________
3) We will have to (labhairt léi) = ____________
4) They had to (bheith go maith) = ____________
5) You will have to (dul ar scoil) = ____________
6) She has to (an leabhar a léamh) = ____________
7) You (pl.) had to (paidir a rá) = ____________
8) I will have to (peann a fháil) = ____________
9) He has to (an obair a dhéanamh) = ____________
10) She had to (creidmheas a cheannach) = ____________

15 An Réamhfhocal "Ag" – Having

Ag is most commonly used when talking about ***having*** something. Unlike in English, there is no Irish verb "to have".

> Tá peann **ag** Doireann.
> Tá fón póca nua **ag** an c**h**ailín./Tá fón póca **ag** an **g**cailín.

Ceacht 1:

Cuir Gaeilge ar na habairtí seo a leanas:

1) Róise has a car = ______________________
2) Liam has a ruler = ______________________
3) Cian has a big house = ______________________
4) The teacher has a room = ______________________
5) Micí has an *I-pod* = ______________________
6) The dentist has an office = ______________________
7) Muireann has a nice coat = ______________________
8) Bríd has blue eyes = ______________________
9) The principal has a secretary = ______________________
10) The pupils have schoolbags = ______________________

Remember we don't always ***name*** the person we're talking about. Sometimes we use ***pronouns*** (I, you, he, she, etc.) instead. This is how we combine ***ag*** with the ***pronouns:***

Ag	+	mé	=	agam
Ag	+	tú	=	agat
Ag	+	sé	=	aige
Ag	+	sí	=	aici

Ag	+	muid	=	againn
Ag	+	sibh	=	agaibh
Ag	+	siad	=	acu

Mar shampla:

Deirfiúr:	***Cat:***
Tá deirfiúr ***agam***	Tá cat ***agam***
Tá deirfiúr ***agat***	Tá cat ***agat***
Tá deirfiúr ***aige***	Tá cat ***aige***
Tá deirfiúr ***aici***	Tá cat ***aici***
Tá deirfiúr ***againn***	Tá cat ***againn***
Tá deirfiúr ***agaibh***	Tá cat ***agaibh***
Tá deirfiúr ***acu***	Tá cat ***acu***

Ceacht 2:

Cuir Gaeilge ar na habairtí seo a leanas –

1) I have a brother = ____________________
2) She has brown eyes = ____________________
3) We have a garage = ____________________
4) They have a big garden = ____________________
5) You have a book = ____________________
6) He has brown shoes = ____________________
7) You (pl.) have homework = ____________________
8) I have a dog = ____________________
9) He has a job = ____________________
10) We have sweets = ____________________

These expressions are in the ***present tense.*** Again, sometimes we need to say someone ***had*** something (past), or that someone ***will have*** something (future):

Inné…	***Bhí*** airgead aige	***Bhí*** fón póca aici
Inniu…	***Tá*** airgead aige	***Tá*** fón póca aici
Amárach…	***Beidh*** airgead aige	***Beidh*** fón póca aici

Ceacht 3:

Cuir Gaeilge ar na habairtí seo a leanas:

1) I had a good time = ____________________

2) He will have homework = ____________________

3) We have coats = ____________________

4) They will have money = ____________________

5) You had coffee = ____________________

6) She has friends = ____________________

7) You (pl.) had the time = ____________________

8) I will have breakfast = ____________________

9) He had a cup of tea = ____________________

10) We will have time = ____________________

Negatives:

Inné…	***Ní raibh*** an t-am aige	***Ní raibh*** carr aici
Inniu…	***Níl*** an t-am aige	***Níl*** carr aici
Amárach…	***Ní bheidh*** an t-am aige	***Ní bheidh*** carr aici

Ceacht 4:

Cuir Gaeilge ar na habairtí seo a leanas:

1) You didn't have breakfast = ____________________
2) She won't have time = ____________________
3) You (pl.) don't have a pet = ____________________
4) I won't have a good night = ____________________
5) He doesn't have a sister = ____________________
6) We didn't have a garden = ____________________
7) They didn't have a car = ____________________
8) You won't have money = ____________________
9) She doesn't have a pen = ____________________
10) He won't have a good job = ____________________

There some other common phrases where ***ag*** is used.
Watch out for these ones:

- To have ***an interest*** in…
  e.g. Tá suim ***agam*** sa spórt.
- To have ***love*** for…
  e.g. Tá grá ***aige*** dá mháthair.
- To have ***pity*** for…
  e.g. Tá trua ***aici*** don fhear.
- To have ***respect*** for…
  e.g. Tá meas ***acu*** ar an múinteoir.
- To ***hope***…
  e.g. Tá súil ***agam*** go bhfuil tú go maith.

16 An Réamhfhocal "Le" – Opinions

Le is most commonly used when someone is giving an ***opinion***.

Is maith **le** Daire seacláid.
Is fuath **leis** an c**h**ailín prátaí./Is fuath **leis** an **g**cailín prátaí.

Let's have a look at some common opinions –

Gaeilge:	***Béarla:***
Is ***breá*** le Sorcha...	Sorcha loves ...
Is ***aoibhinn*** le hÁine ...	Áine loves ...
Is ***binn*** Tomás le...	Tomás loves ...
Is ***fearr*** le Brian ...	Brian prefers ...
Is ***maith*** leis an gcailín...	The girl likes ...
Is ***fuath*** le Cora ...	Cora hates ...
Is ***gráin*** leis an múinteoir...	The teacher hates ...
Is ***cuma*** le hEimear faoi...	Eimear doesn't care about ...
Ní ***miste*** le m'athair...	My father doesn't mind ...
Ní ***maith*** leis an madra...	The dog doesn't like ...

Ceacht 1:

Scríobh amach na habairtí seo a leanas:

1) Mairéad loves sweets = ____________________
2) Diarmaid doesn't mind Science = ____________
3) The teacher likes the student = _____________
4) Aoife prefers chips = _____________________
5) The mother loves her children = ____________
6) The nurse doesn't like her job = ____________
7) Tadhg hates dogs = ______________________

8) The father loves his car = ______________________

9) Ciara prefers art = ____________________________

10) Conall hates cabbage = ________________________

Remember we don't always ***name*** the person we're talking about. Sometimes we use ***pronouns*** (I, you, he, she, etc.) instead.
This is how we combine ***le*** with the ***pronouns:***

Le	+	mé	=	liom
Le	+	tú	=	leat
Le	+	sé	=	leis
Le	+	sí	=	léi
Le	+	muid	=	linn
Le	+	sibh	=	libh
Le	+	siad	=	leo

Mar shampla:

To love:	***To hate:***
Is breá ***liom***	Is fuath ***liom***
Is breá ***leat***	Is fuath ***leat***
Is breá ***leis***	Is fuath ***leis***
Is breá ***léi***	Is fuath ***léi***
Is breá ***linn***	Is fuath ***linn***
Is breá ***libh***	Is fuath ***libh***
Is breá ***leo***	Is fuath ***leo***

Ceacht 2:

Scríobh amach na habairtí seo a leanas:

1) I like Irish = ______________________

2) He hates school = ______________________

3) We love TV = ______________________

4) They prefer the holidays = ______________________

5) You hate Geography = ______________________

6) She loves her friend = ______________________

7) You (pl.) don't care = ______________________

8) I hate homework = ______________________

9) He likes his family = ______________________

10) We love music = ______________________

Taitin – To Enjoy

Let's look at another way to say what you ***enjoy/don't enjoy.***
We use ***le*** with this verb.

Aimsir Chaite:

I enjoyed	–	T**h**aitin ___ ***liom***
I really enjoyed	–	T**h**aitin ___ go mór ***liom***
I didn't enjoy	–	Níor t**h**aitin ___ ***liom***

T**h**aitin an aimsir ***liom***
T**h**aitin an áit go mór ***liom***
Níor t**h**aitin an bia ***liom***

Ceacht 3:

Scríobh amach na habairtí seo a leanas:

1) You enjoyed the disco = ____________________
2) He really enjoyed the film = ________________
3) You (pl.) didn't enjoy the food = ______________
4) I enjoyed the place = ______________________
5) He didn't enjoy Christmas = ________________
6) We didn't enjoy the dinner = ________________
7) They really enjoyed the crack = ______________
8) You didn't enjoy the class = _________________
9) She didn't enjoy the day = __________________
10) I enjoyed the weather = ____________________

Aimsir Láithreach:

He enjoys	–	Taitn**íonn** _____ ***leis***
She really enjoys	–	Taitn**íonn** _____ go mór ***léi***
We don't enjoy	–	Ní t**h**aitn**íonn** _____ ***linn***

Taitn**íonn** popcheol ***leis***
Taitn**íonn** peil go mór ***léi***
Ní t**h**aitn**íonn** obair bhaile ***linn***

Ceacht 4:

Scríobh amach na habairtí seo a leanas:

1) I enjoy French = ______________________
2) He doesn't enjoy apples = ________________
3) We really enjoy school = _________________
4) They don't enjoy meat = _________________
5) You enjoy the summer = _________________
6) She really enjoys tennis = ________________
7) You (pl.) don't enjoy computers = ___________
8) I don't enjoy housework = ________________
9) He really enjoys swimming = _______________
10) We enjoy ice-cream = ___________________

Bear in mind that ***le*** also means ***with***.

Chuaigh mé go dtí an dioscó ***leis*** (with him).
Shiúil mé chuig an phictiúrlann ***léi*** (with her).

17 An Réamhfhocal "Do" – For/To

Do can be used for giving ***to***… or doing ***for***…
It requires a ***h*** on the following word:
Do + ***an*** (the)= ***don (+h)***

For meaning –

Cheannaigh mé bronntanas ***do*** S**h**inéad.
Rinne mé gúna ***don*** b**h**ábóg.

To meaning –

Thug mé milseán ***do*** C**h**iarán.
D'inis mé an scéal ***don*** múinteoir.

Ceacht 1:

Scríobh amach na habairtí seo a leanas:

1) I showed the picture **to** Méabh = ____________
2) She got a dress ***for*** the party = ______________
3) We bought a car ***for*** Breandán = ____________
4) They wrote a letter **to** the mother = __________
5) You made a cake ***for*** my birthday = __________
6) She gave a kiss **to** Seosamh = _______________
7) You (pl.) showed the work **to** your teacher = ___
8) I cleaned the kitchen ***for*** Mammy = __________
9) He went to the shops ***for*** the girl = __________
10) We showed the letter **to** the Principal = _______

Remember we don't always ***name*** the person we're talking about. Sometimes we use ***pronouns*** (I, you, he, she, etc.) instead.
This is how we combine ***do*** with the ***pronouns:***

Do	+	mé	=	dom
Do	+	tú	=	duit
Do	+	sé	=	dó
Do	+	sí	=	di
Do	+	muid	=	dúinn
Do	+	sibh	=	daoibh
Do	+	siad	=	dóibh

There are other phrases where ***do*** is used.
Watch out for these ones:

To give someone's ***name***:
Ruairí is ainm ***don*** b**h**uachaill…: Ruairí is ainm ***dó***.
Aoife is ainm ***don*** c**h**ailín… : Aoife is ainm ***di***.

To ***have to*** do something: B'éigean ***dom*** dul ar scoil.

To say where someone is ***from***: As Port Láirge ***dó***.

To ***allow*** something: Lig Daidí ***dúinn*** dul amach.

But ***do*** is most commonly used to mean ***for*** and ***to***:

For…

Cheannaigh sí seacláid ***dom***
Cheannaigh sí seacláid ***duit***
Cheannaigh sí seacláid ***dó***
Cheannaigh sí seacláid ***di***
Cheannaigh sí seacláid ***dúinn***
Cheannaigh sí seacláid ***daoibh***
Cheannaigh sí seacláid ***dóibh***

Ceacht 2:

Cuir Gaeilge ar na habairtí seo a leanas:

1) You cleaned my room ***for me*** = ______________
2) She bought a phone ***for him*** = ______________
3) Our parents got a *Wii* ***for us*** = ______________
4) Their friends make breakfast ***for them*** = ________
5) Proinsias did the shopping ***for her*** = ___________
6) Tara made chips ***for you*** = __________________
7) Daddy bought biscuits ***for you (pl.)*** = _________
8) He prepared lunch ***for her*** = ________________
9) My auntie got food ***for us*** = ________________
10) Fionn did the housework ***for them*** = ___________

To…

Thug sé bronntanas ***dom***
Thug sé bronntanas ***duit***
Thug sé bronntanas ***dó***
Thug sé bronntanas ***di***
Thug sé bronntanas ***dúinn***
Thug sé bronntanas ***daoibh***
Thug sé bronntanas ***dóibh***

Ceacht 3:

Cuir Gaeilge ar na habairtí seo a leanas:

1) She gave homework ***to us*** = ________________
2) He told the news ***to them*** = ________________
3) They showed the book ***to him*** = ____________
4) She gave money ***to them*** = ________________
5) You gave a present ***to me*** = ________________
6) We told the story ***to you*** = __________________
7) The teacher gave sweets ***to us***= ______________
8) I gave a cup of tea ***to him*** = ________________
9) The secretary gave a pen ***to me*** = ____________
10) Cormac showed his phone ***to her*** = ___________

"Greim Ghasta"

Aimsir Chaite – Past Tense:

Verb stem + h + person: *chuir mé*

D' in front of vowels: *d'oscail sí*

D' and ***h*** on verbs beginning with ***f:*** *d'fhág siad*

No change to verbs beginning with ***l, n, r.***

Aimsir Láithreach – Present Tense:

Verb stem + ending: *tóg: tógaim; éirigh: éiríonn sé*

All endings are either ***broad*** or ***slender***.

1-syllable broad:	***1-syllable slender:***
-aim	-im
-ann tú	-eann tú
-ann sé/sí	-eann sé/sí
-aimid	-imid
-ann sibh	-eann sibh
-ann siad	-eann siad

2-syllable broad:	***2-syllable slender:***
-aím	-ím
-aíonn tú	-íonn tú
-aíonn sé/sí	-íonn sé/sí
-aímid	-ímid
-aíonn sibh	-íonn sibh
-aíonn siad	-íonn siad

Aimsir Fháistineach – Future Tense:

Verb stem + ending: *scríobh + ending: scríobhfaidh sí*
ceannaigh + ending: ceannóidh mé

1-syllable B:	***1-syllable S:***
-faidh mé	-fidh mé
-faidh tú	-fidh tú
-faidh sé/sí	-fidh sé/sí
-faimid	-fimid
-faidh sibh	-fidh sibh
-faidh siad	-fidh siad

2-syllable B:	***2-syllable S:***
-óidh mé	-eoidh mé
-óidh tú	-eoidh tú
-óidh sé/sí	-eoidh sé/sí
-óimid	-eoimid
-óidh sibh	-eoidh sibh
-óidh siad	-eoidh siad

Modh Coinníollach – Conditional Tense:

Verb stem + h + ending: *shiúlfainn*

D' in front of vowels: *d'osclódh sí*
D' and ***h*** on verbs beginning with ***f***: *d'fhanfaimis*
No change on verbs beginning with ***l, n, r.***

1-syllable B:	***1-syllable S:***
-fainn	-finn
-fá	-feá
-fadh sé/sí	-feadh sé/sí
-faimis	-fimis
-fadh sibh	-feadh sibh
-faidís	-fidís

2-syllable B:	***2-syllable S:***
-óinn	-eoinn
-ófá	-eofá
-ódh sé/sí	-eodh sé/sí
-óimis	-eoimis
-ódh sibh	-eodh sibh
-óidís	-eoidís

Claoninsint – Indirect Speech:

Aimsir Chaite -

gur = that (+***h***). Dúirt sí gur peileadóir í.

nár = that didn't (+***h***). Dúirt sé nár iománaí é.

Aimsir Láithreach/Fháistineach/Modh Coinníollach –

go = that (+***urú***). Dúirt mé go bhfaca mé thú.

nach = that doesn't (+***urú***). Dúirt tú nach bhfaca tú mé.

Má/Dá – If:

Má: Present tense +***h*** . . . . Future tense

Dá: Conditional tense +***urú*** . . . . Conditional tense

Urú – Eclipsis:

mb, **g**c, **n**d, **bh**f, **n**g, **b**p, **d**t, **n-**vowels.

After ***i***, meaning ***in***: *i nGaillimh*

After amounts ***7-10***: seacht bpeann, *ocht bhfón póca*

After ***an*** to form ***questions***: *An bhfuair tú mo théacs?*

After the ***genitive*** of some plural nouns: *teach na gcailíní*

After ***ár, bhur, a,*** meaning our, your (pl), their: *a gcótaí*

Aidiacht Shealbhach – Possession:

Béarla	*Gaeilge*	*Effect*
My	Mo	+h: mo chóta
Your	Do	+h: do chóta
His	A	+h: a chóta
Her	A	No change
Our	Ár	+urú: ár gcótaí
Your (pl.)	Bhur	+urú: bhur gcótaí
Their	A	+urú: a gcótaí

Na hUimhreacha – The Numbers:

Uimhir	*An tAm*	*Daoine*	*Rudaí*
1	A haon	duine amháin	___ amháin
2	A dó	beirt	dhá ___
3	A trí	triúr	trí ___
4	A ceathair	ceathrar	ceithre ___
5	A cúig	cúigear	cúig ___
6	A sé	seisear	sé ___
7	A seacht	seachtar	seacht ___
8	A hocht	ochtar	ocht ___
9	A naoi	naonúr	naoi ___
10	A deich	deichniúr	deich ___

Inscne – Gender:

Masculine – *Words that end with:*	***Feminine*** – *Words that end with:*
-án	***-íocht***
-ín	***-lann***
-ir	***-acht*** (1+ syllable)
-acht (1 syllable)	***-og***
with a ***vowel***	with a ***slender*** consonant
with a ***broad*** consonant	

Réamhfhocail – Prepositions:

Ar:

Ar	+	mé	=	orm
Ar	+	tú	=	ort
Ar	+	sé	=	air
Ar	+	sí	=	uirthi
Ar	+	muid	=	orainn
Ar	+	sibh	=	oraibh
Ar	+	siad	=	orthu

Ag:

Ag	+	mé	=	agam
Ag	+	tú	=	agat
Ag	+	sé	=	aige
Ag	+	sí	=	aici
Ag	+	muid	=	againn
Ag	+	sibh	=	agaibh
Ag	+	siad	=	acu

Le:

Le	+	mé	=	liom
Le	+	tú	=	leat
Le	+	sé	=	leis
Le	+	sí	=	léi
Le	+	muid	=	linn
Le	+	sibh	=	libh
Le	+	siad	=	leo

Do:

Do	+	mé	=	dom
Do	+	tú	=	duit
Do	+	sé	=	dó
Do	+	sí	=	di
Do	+	muid	=	dúinn
Do	+	sibh	=	daoibh
Do	+	siad	=	dóibh

Gaeilge	Béarla	Aimsir Chaite	Aimsir Láithreach	Aimsir Fháistineach	Modh Coinníollach
Téigh	Go	Chuaigh mé	Téim	Rachaidh mé	Rachainn
Déan	Do/Make	Rinne mé	Déanaim	Déanfaidh mé	Dhéanfainn
Abair	Say	Dúirt mé	Deirim	Déarfaidh mé	Déarfainn
Faigh	Get	Fuair mé	Faighim	Gheobhaidh mé	Gheobhainn
Feic	See	Chonaic mé	Feicim	Feicfidh mé	D'fheicfinn
Bí	Be	Bhí mé	Bím	Beidh mé	Bheinn
Beir	Grab/Catch	Rug mé	Beirim	Béarfaidh mé	Bhéarfainn
Clois	Hear	Chuala mé	Cloisim	Cloisfidh mé	Chloisfinn
Ith	Eat	D'ith mé	Ithim	Íosfaidh mé	D'íosfainn
Tabhair	Give/Bring	Thug mé	Tugaim	Tabharfaidh mé	Thabharfainn
Tar	Come	Tháinig mé	Tagaim	Tiocfaidh mé	Thiocfainn